Wolfram Buff, Bäume im Bild

Mit
freundlicher
Empfehlung

Bender+Co
Ges mbH Wien

Wolfram Buff

Bäume im Bild

Leben und Schönheit unserer Bäume

148 vierfarbige Abbildungen — 84 Zeichnungen

Bildnachweis:

Abb. 30 u. 38: Aus BUFF, Botanik für PTA, Thieme, Stuttgart, 1984
Blattzeichnungen: Dr. Klaus von der Dunk, Hemhofen
Alle übrigen Abb.: Biologisch-Botanisches Bildarchiv Biberach/Riß,
Dr. W. Buff
Autorenfoto: Hans-Martin Buff
Luftbild (Abb. 10) freigegeben vom Regierungspräsidium Tübingen
unter der Nr. 00018030 am 11. 7. 86

CIP-Kurztitelaufnahme der Deutschen Bibliothek

Buff, Wolfram:

Bäume im Bild: Leben und Schönheit unserer Bäume /
Wolfram Buff — Stuttgart: Wissenschaftliche Verlagsgesellschaft, 1986.
  (WVG-Bildatlas)
  ISBN 3-8047-0880-3

Printed in Germany
Layout: Dr. Wolfram Buff
Satz: F + N Meeh GmbH, Pforzheim
Litho: Repro-Team, Weingarten
Druck: Eberl, Immenstadt
Bindung: Sigloch, Künzelsau

Inhaltsverzeichnis

Vorwort

Gewidmet ist das Buch meiner Mutter, meinem Freund Harald Friedrich-Sander und all denen, die durch Hilfe und harte Kritik meinen Blick für das Schöne schulten.

Ich danke dem Entgegenkommen der Firma Thomae in Biberach, besonders Herrn Tode, der meine Idee des „schönen" Buches kräftig unterstützte, und Herrn Fischer, der meine gestalterischen Vorstellungen kaufmännisch vertretbar machte.

Dank gilt auch der Wissenschaftlichen Verlagsgesellschaft, Stuttgart, für die Unterstützung bei der Herstellung und die Aufnahme des Buches in ihr Verlagsprogramm.

Dr. Klaus von der Dunk, mein Partner bei vielen Arbeiten, half mir mit Literatur, Rat und den Zeichnungen für die Tabelle.

Woran erkennt man einen Baum? Bäume sind Holzpflanzen. Im Gegensatz zu den Kräutern, die sich ausschließlich durch Samen erhalten, und den Stauden, die zusätzlich durch Ausläufer, Zwiebeln und unterirdische Speicherorgane ihren Neubeginn im Frühjahr oder nach Trockenperioden sichern, verfestigen die Holzpflanzen das Innere ihrer Triebe rasch mit totem Holz und schützen sich gegen Verdunstung und Kälte außen mit Kork und dicken Borken. So können auch die oberirdischen Teile der Pflanzen Winterkälte und Trockenzeiten überstehen und bei günstiger Witterung rasch austreiben. Sie gewinnen dabei den Konkurrenzkampf um die besten Plätze am Licht. Je schneller sie dabei an Höhe gewinnen, desto besser. Statik und Materialersparnis sind weitere Grundsätze, die dabei die Ausbildung von Stämmen fördern. Und durch den Stamm unterscheiden wir Baum und Strauch.

In der Fachliteratur klingt das so: „Ein Baum hat einen einzigen 6 m hohen Stamm"! Das muß relativiert werden, sind doch z. B. Apfelbäume selten insgesamt so hoch. Dies Buch nennt alle Pflanzen Bäume, die einen einzigen, dauerhaften, holzigen Haupttrieb ausbilden oder ausbilden können. Bäume, die vorwiegend strauchig wachsen, ihre Fähigkeit zur Stammbildung also nur selten zeigen, werden stiefmütterlich bei allen Familien mitgenannt oder am Ende kurz zusammengefaßt.

Der Rahmen des Büchleins würde auch gesprengt, wenn alle Baumarten untergebracht werden sollten, die heute auf deutschem Boden wachsen. Sein Inhalt beschränkt sich auf die natürliche Artenzahl, vermehrt um die seit Jahrhunderten zum Wald- oder kulturimmanenten Bestand zählenden Arten und wichtige Bastarde.

Das Buch will kein „Bestimmer" sein, obwohl es im Anhang Hilfen dazu bietet. Es soll vielmehr Lebensart und Schönheit des Baumes zeigen und die Sensibilität gegenüber diesem Mitbewohner unseres Landes fördern, uns vermehrt zu Nachdenken und zur Hilfsbereitschaft führen. Bewußt wird dabei der Berichtende zwar immer wieder einen wehmütigen Blick auf den siechen Leib unseres Waldes werfen, doch will er nicht mit dem Finger in den tiefen Wunden bohren, die Gedankenlosigkeit, übertriebenes Kosten-Nutzen-Denken und grenzenlose Gläubigkeit an die Machbarkeit von allem und jedem der Natur geschlagen haben. Das ist von Kompetenteren sattsam berichtet und belegt, und wem das Gewissen noch nicht mit hartem Pochen hoch im Halse schlägt, dem fehlt es, der hat kein Verhältnis zur Natur.

Das Buch kann nur begrenzt Information bieten, anreißen, Interesse wecken zu weiterer Beschäftigung mit dem Thema. Es beschränkt sich auf Stichworte, Streiflichter, Hinweise und Fragen und vermeidet die Konkurrenz mit den zahllosen Veröffentlichungen, die in klarer Zielsetzung feste Themen umfassend bearbeiten.

Biberach, im Mai 86   Wolfram Buff

Die Bäume sind die Lebewesen, zu denen der Mensch wohl die stärkste Beziehung hat. Ein chinesischer Spruch fordert vier Dinge für ein erfülltes Leben eines Mannes: Ein Haus bauen, einen Sohn zeugen, ein Buch schreiben und einen Baum pflanzen. Sein Haus baute er aus Holz, das Buch schrieb er auf Papier aus Maulbeerbaum-Borke und Bambus. Sohn und Baum wuchsen miteinander heran, in der Kindheit sorgsam betreut, in der Jugend in die gewünschte Richtung gezogen, bilden noch heute beide für ihren Pflanzer die Alterssicherung: Der Baum als Frucht- und Schattenspender, der Sohn als Ernährer und Pfleger.

Unsere Beziehungen zum Baum sind so alt wie die Primaten, ist doch der Wald der Lebensraum ihrer Entwicklung. Diese Beziehung blieb als angeborenes Verhalten dem Menschen bis heute: Eine Untersuchung aus jüngerer Zeit belegt, daß Wohnen ohne psychische Störung nur möglich ist, wenn wenigstens ein paar Sträucher im Vorgarten oder auf der Fensterbank die freie Sicht aus dem Wohnbereich einengen. Man fühlt sich einfach getarnt. Ein Baum vor dem Haus ist natürlich der Gipfel des Wohlbehagens.

Entsprechend ist die Bedeutung vor allem der langlebigen Baumarten in Kultur und Religion fast aller Völker. Holzmasken, Totempfähle und Heiligenfiguren sind Ausdruck dieser Beziehung. Griechen und Römer kannten in jedem Baum eine Nymphe, im Garten Eden stand der „Baum der Erkenntnis", Mandara ist der Weltbaum des Buddhismus, ein Baum war Bestandteil des Indianischen Paradieses und zum Passafest gehört der Palmwedel. Im germanisch-keltischen Kulturkreis waren alte Eichen und Eschen den wichtigsten Göttern geweiht. Linden wurden als Bäume des Friedens Zentrum des Dorfes und Richtstätte; Mistel und Eibe wurden besondere Kräfte zugesprochen, ihre Standorte waren heilige Plätze. Und der Holunder (auch Holler oder Holder von *holy* = heilig), dem nachgesagt wird, er leite den Blitz vom Haus ab, hat einen „heiligen" Namen.

Auch der christlich-mitteleuropäische Kulturkreis hat seine „Stamm"-Bäume. Die giftigen, immergrünen Eiben und Lebensbäume sind zugleich Sinnbild von Tod und ewigem Leben. Weißdorn wurde als angebliches Material für die Dornenkrone in manchen Gegenden ausgerottet. Eichenlaub ist Zeichen für Jagdglück und Sieg. Der Weihnachtsbaum, ursprünglich sicher eine Tanne, ziert die höchste der christlichen Feiern, unterstützt von Mistel und Stechpalme.

Kunst und Literatur bedienen sich des Baumes als Mittel zum Ausdruck von Gefühlen der Freude und Trauer, des Friedens und der Bedrohung, oder schlicht als eines gestalterischen Hilfsmittels.

Abb. 1: Wer hat nicht seine Freude an den herrlichen Bäumen, die in süddeutscher Landschaft abzweigende Sträßchen und Zufahrten zu Gehöften markieren, mit ethischem Schutz durch ein Wegkreuz, das wieder durch den Baum Schutz vor der Witterung erhält.

Die gewaltigen Eschen waren den Germanen
die Bäume mit der höchsten Bedeutung.
Sinnbild der gesamten Germanischen Welt
war die Weltesche *Ygdrasil,*
die mit ihrem ganzen Umfeld
folgendermaßen beschrieben wird:

Drei mächtige Wurzeln tragen den Baum.
Eine davon reicht nach *Niefelheim,* das ist
das Reich der Toten.

Die zweite streckt sich nach *Jöntuheim,*
dem Land, wo die Riesen leben.

Die dritte breitet sich aus nach *Mitgard,*
dort wohnen die sterblichen Menschen.

In Mitgard sitzen am *Urdh*-Brunnen
die drei *Nornen,* alten Frauen gleichend.
Sie heißen *Urdh* (Vergangenheit),
Werdandi (Gegenwart) und *Skuld* (Zukunft).

Sie spinnen dort, ernst und schweigsam,
die Schicksalsfäden der Neugeborenen.
Nur wenige davon sind aus Gold oder Seide.
Die meisten sind härene,
Armut und Mühe verheißend,
und immer weist einer auf Leid und Tod.

Die Nornen begießen die Lebensesche mit
heiligem Wasser, um sie gegen ihre
zahlreichen Schädiger zu stärken:
Eine Ziege ernährt sich von ihren Zweigen
und Hirsche fressen Laub und Knospen ab,
ein Vorgang, der in Zusammenhang mit dem
ständigen Nachtrieb durch den Baum
Sinnbild ist für die verrinnende Zeit
mit ihrer stetigen Wiederholung
von Vergehen und Erneuerung.

Und unten, von *Helheim* her, erhebt sich
der Lindwurm *Nidhögg* und nagt
mit anderem Gewürm an den Baumwurzeln.

Hoch im Wipfel horstet ein Adler,
und zwischen ihm und dem Gewürm der Tiefe
klettert und springt
das Eichhörnchen *Ratatöskr* hin und her
und trägt Tratsch, Zank
und böse Nachrichten von oben nach unten
und von einem zum anderen.

Abb. 2: Eschengruppe auf einer Weide im Allgäu

Vom Nutzen des Baumes

Abb. 3: Holz ist noch immer eine der
wichtigsten Energiequellen des Menschen,
ein Rohstoff, der dem Landbesitzer
auf sonst nicht nutzbaren Flächen
fast unbegrenzt nachwächst,
wenn er die Entnahme sinnvoll betreibt.

Naturvölker verwenden alle Teile der Bäume. Sie bauen Hütten und Boote aus Stamm und Ästen, decken mit Blättern und Rinden das Dach, verwenden Laub als Streu und Viehfutter, verzehren Samen und Früchte, fertigen nahezu sämtliche Gebrauchsgüter aus Holz, Bast, Dornen, kochen und heizen mit den Resten und nehmen die Asche als Dünger und Parasitenschutz, nutzen die Säfte als Farben, Leime, Dichtungsmaterial, Heilmittel, Pfeilgift und so weiter.

Auch unser Kulturkreis kann ohne Baum nicht existieren. Fachwerk und Dachgebälk, Treppen, Fensterrahmen und Türen, Möbel und Täfelungen, Bestecke, Küchengerät und Kunstgewerbliches, Musikinstrumente und Gartengerät sind Nutzungsbeispiele, die jedem von uns täglich vor Augen sind. Man ersetzt manches Holz heute durch Kunststoff und Metall. Kaum erreicht wird jedoch von diesen Stoffen die Zug-, Druck- und Biegefestigkeit bei geringem Volumen und Gewicht, die Isolierfähigkeit und die Preiswürdigkeit des Holzes, ganz zu schweigen von dem unersetzbaren Behaglichkeitsgewinn, der uns durch Atmungsfreudigkeit, Duft und Schönheit des Holzes entsteht.

Industrie brauchte und braucht Unmengen Holz: Grubenholz, Eisenbahnschwellen, Holz für Schiff- und Wagenbau, Modellbau, landwirtschaftliches Gerät und Zeichengerät. Unvorstellbare Holzmengen werden als Papier verbraucht. Auch dieses Buch fordert seine Bäume. Für die meisten Nutzungsarten wissen wir keinen vergleichbaren Ersatz. Und die bekannten Alternativstoffe verbrauchen bis zu ihrer Fertigstellung oft mehr Holz oder vergleichbare Energie, als die Herstellung aus Holz gefordert hätte. So gilt die Regel, daß der Holzverbrauch mit der Höhe der Zivilisation ständig zunimmt.

Unschätzbar ist der Nutzen lebender Bäume. So genügen drei Bäume, zu seiner Geburt gepflanzt, um einen Menschen lebenslang mit Sauerstoff zu versorgen, ihre Produktionsfläche wächst mit. Ein Hektar Wald verdunstet im Jahr etwa 30 000 cbm Wasser. Wald kühlt also, erzeugt Luftbewegung und Wolken, verhindert aber gleichzeitig das Austrocknen des Bodens, nährt ihn mit seinem Laub, hält ihn mit seinem Wurzelwerk, reguliert durch rasche Aufnahme heftiger Regengüsse und Tauwässer und gleichmäßige, verzögerte Freigabe die Wasserstände, gibt Nahrung und Schutz für Myriaden von Tieren und anderen Pflanzen, schützt im Gebirge vor Geröll- und Schneelawinen. Beim Durchlüften der Blätter bindet das Laub ungeheure Mengen von Staub, reduziert dabei den Anteil der darin enthaltenen Bakterien von etwa 600 000 pro cbm Luft der Großstadtstraße auf etwa 1 000 pro cbm Stadtparkluft. Ein paar Bäume im Innenhof eines Wohnsilos können die Sommertemperatur dort bei voller Sonneneinstrahlung um bis zu 10°C unter die Werte baumloser Innenhöfe senken.

Abb. 4: Kein Baustoff kann im Wohnbereich mit der Behaglichkeit von Holz konkurrieren.
Die kunstvolle Innenarchitektur dieses Hauses ist ein Musterbeispiel moderner Holzplastik.
(Entwurf: Otfried Müller, Biberach)

Abb. 5: Holzreste werden in diesem Werk zu Spanplatten verarbeitet.

Bäume in ihrem Lebensraum

Bäume besiedeln etwa 30% der Landfläche der Erde. Sie brauchen nur genügend Wasser beziehungsweise genügend lange Zeiten ohne Bodenfrost, um bestehen zu können. Alle Bereiche der Erde, an denen diese Bedingungen erfüllt sind, sind natürlicherweise von Bäumen bestanden. So sind auch wir gewohnt, daß Bäume und Wälder unsere Landschaft gliedern und ihr Tiefe geben. In Deutschland sind die meisten Bäume gepflanzt oder zumindest unter Kontrolle gewachsen. Durch

Abb. 6: Vielfältig sind die Lebensbereiche der Bäume. Sie überziehen als Wald die Höhen, begleiten Fluß und Bach, geben einzeln und in Gruppen Schutz für Haus und Weidevieh, säumen Straßen und Wege, werden zur Zierde und Freude und als Obstbaum gepflanzt und gepflegt.

Einfuhr und Zucht wurden die etwa 60 einheimischen Arten zu einer unüberschaubaren Zahl von Arten, Rassen und Sorten vermehrt. Außer in Wäldern lebt daher eine große Zahl von Bäumen bei uns als Einzelbaum in freier Landschaft, als Straßen- und Alleebaum oder in Gärten und Parks, gepflanzt entsprechend dem gewünschten materiellen oder ideellen Nutzen, den man sich von ihnen erhofft.

Nachwuchs

Für die Samengewinnung bei Nadelhölzern muß man die reifen, geschlossenen Zapfen aus gesunden Beständen pflücken und in sogenannten Samendarren trocknen, bis die Samen von allein herausfallen. Die Keimlinge zieht man wie Gemüse, bis sie die nötige Größe zur Auspflanzung in die Jungbaum-Pflanzung oder Schonung haben. Auch Eichen, Buchen und andere werden ähnlich herangezogen. Doch geht man zunehmend dazu über, die Samen im Wald selbst keimen und aufwachsen zu lassen und dort für weitere Pflanzungen Jungwuchs zu entnehmen. Oder man läßt den Wald durch eigenen Jungwuchs laufend sich selbst erneuern und durchforstet die Bestände so, daß von jeder Altersstufe stets genügend Bäume vorhanden sind. So ein „Plenterwald" hat über Jahrhunderte das gleiche Aussehen.

Ähnlich den Samen werden auch Stecklinge zunächst im Feldbau oder Gewächshaus angezogen, bis sie für das Freiland stark genug gewachsen sind. Die meisten Gartenbäume werden so gezogen. Durch häufiges Umsetzen oder Einschlagen in Tücher erhält man kleine Wurzelballen, die das Verpflanzen auch in höherem Alter noch vertragen, weil ihr Wurzelwerk dabei kaum geschädigt wird. Man kann sie sogar im Sommer gefahrlos versetzen.

Die Pflege des Waldes bis zur Ernte nennt man Umtrieb. Man pflanzt zum Beispiel etwa 2 500 Bäume im Alter von 3—4 Jahren pro Hektar Wald, entnimmt ihm laufend Weihnachtsbäume, Zaun-, Stangen- und Brennholz und hat nach etwa 120 bis 150 Jahren noch 250 prächtige Baumstämme auf der gleichen Fläche, die nun auch endlich reichen Ertrag bringen können. Damit die nur bei Denken in Generationen kommerziell sinnvolle Waldwirtschaft sich einigermaßen trägt, müssen wir Weihnachtsbäume, Leitern aus Holz statt Aluminium und Reis- oder Leseteile für das Kaminholz kaufen. Denn nur vom Stammholz kann kein Waldbesitzer überleben und den Kulturwald sinnvoll pflegen lassen.

Abb. 7: Im naturbelassenen Wald finden die Samen oft gute Nahrung auf vermoderten Artgenossen. Zu reichlicher Wildbestand setzt den jungen Bäumen arg zu: Die Spitzentriebe der Bäumchen sind abgefressen.

Abb. 8: Aufzucht im Fichtenacker nach landwirtschaftlicher Methode.

Abb. 9: Schöner, natürlicher Bergmischwald mit Fichte, Tanne, Buche, Esche, Bergahorn und anderen säumt die

Hänge des Eistobels bei Isny im Allgäu.

Bilder rechts, von oben:

Abb. 11: Kiefernwald auf Sand
als Hochwald mit Unterwuchs.

Abb. 12: Herbstlicher Laubmischwald
mit Eiche, Buche, Hainbuche und Ahorn.

Abb. 13: Auwald schiebt seine Weiden
als Uferschutz weit über das Wasser.

Abb. 10: Geschlossene Fichtenwälder,
nur von Forststraßen gegliedert
und durchschnitten,
bilden die Masse unseres Waldbestandes.
Hier der Schwarze Grat — Turm
im Waldgebiet der Adelegg im Allgäu
zwischen Leutkirch und Isny.

Wälder

Bäume stehen selten allein. In ihren natürlichen Lebensräumen bilden sie ausgedehnte Wälder. Riesige geschlossene Waldgebiete entstanden auch in Mitteleuropa mit dem Zurückweichen der Vereisung. So war zur Römerzeit das Gebiet zwischen Harz, Thüringer Wald, Fichtelgebirge, Spessart und Odenwald von einer geschlossenen Decke undurchdringlicher Wälder überzogen, deren Ausläufer sogar Verbindung mit dem Schwarzwald gehabt haben müssen. Der Kampf unserer Vorfahren nach der Eiszeit ging weniger um Neugewinn von Ackerland, sondern mehr um ein Offenhalten ihrer noch waldfreien Lebensräume. Die Urwälder waren lebensfeindlich. Baumleichen, Unterholz und ausgedehnte Sümpfe machten sie für Mensch und Wild in jagdbarer Größe fast unpassierbar.

Buchenwald hatte die Vormachtstellung im Hügel- und Bergland. Tiefere, wärmere Lagen mit schweren, feuchten oder trockenen, nährstoffreichen Böden übernahmen **Eichenmischwälder** mit Hainbuche, Ahorn, Esche und Ulme. In den Flußauen schufen kurzlebige Weichhölzer wie Weiden, Pappeln und Erlen undurchdringliche lichte **Auwälder**, vielfältiger Lebensraum durch den Nährstoffreichtum jährlicher Überschwemmung, wie Tropenurwald nur das Band der Wasserläufe freilassend. In all diesen Waldgebieten wurden staunasse Flächen von **Erlen-, Birken-** oder **Kiefernbruchwald** besetzt. Nährstoffarme Sandflächen um Hanau und Nürnberg eroberten sich **Kiefernwälder,** die sonst nur die Extremstandorte der östlichen landklimatischen Sandebenen der Konkurrenz abtrotzten. Höhere, feuchtwarme Lagen übernahm **Tannenwald,** karge und kältere **Fichtenwald,** als **Bergwald** mehr und mehr durchsetzt von Lärche, Bergahorn und Mehlbeere, bis an der Baumgrenze **Latschengürtel** die Tonsur der baumfreien Felsgipfel umkränzten.

Die großen Waldrodungen vom 7. bis 13. Jahrhundert, der Zeit, in der auch die meisten Städte Deutschlands entstanden, waren verbunden mit zunehmend intensiver Nutzung von Wäldern zu Eichel- und Buchelmast, als Schälwald zur Gewinnung von Eichenrinde für die Gerberei, zur Gewinnung von Brenn-, Stamm- und Flechtholz. Auch der Wunsch nach bequemerer Jagd führte zur intensiven Durchforstung und zur Ausbildung charakteristischer Waldformen.

Hochwälder, gezogen aus Samen, dienen vor allem der Stammholzgewinnung. Die Bäume sind gleich alt, ihr geschlossenes Blätterdach läßt nur wenig Unterwuchs zu.

Mittelwälder sind meist Mischwälder. Hochwüchsiges Stammholz mit weitem Abstand steigt ins obere Stockwerk und läßt genügend Licht für vielfältigen Jungwuchs. Fast alle heimischen Baumarten, entsprechend den Bedingungen des jeweiligen Standorts, sowie eine Vielzahl von Sträuchern, die Waldrand und Lichtung erobern, bieten in den verschiedenen Alters- und Höhenstufen eine Vielfalt von Lebensräumen für weitere Pflanzen und zahllose Tierarten. Diese Waldform kommt wohl den natürlichen Beständen in unseren Breiten am nächsten.

Niederwald ist der typische Wald feuchter Ebenen. Kurzlebige Weiden, Pappeln und Erlen treiben aus gefallenen Stämmen und Stümpfen neu. Die Stockausschläge verjüngen den Wald und bilden undurchdringliche Bestände. Auch alte Schälwaldbestände und Flechtwald am Niederrhein sind typische Niederwälder.

Der hohe Holzbedarf seit Beginn der industriellen Revolution führte in Deutschland nicht zum Totalkahlschlag wie z. B. in England. Frühe Schutzbestimmungen hatten vielmehr eine Forstwirtschaft entstehen lassen, die bei höchstmöglichem Nutzen den Waldbestand sicherte. Kein anderes Land erreicht vergleichbare Erträge. Seit 200 Jahren sind allerdings der Naturwald und seine für die Mast vor der Einführung von Kartoffel und Mais notwendigerweise laubwaldreichen Kunstformen durch schnellwüchsige Nadelholz-Monokulturen weitgehend verdrängt.

Alleen

Alleen waren im Barock ein wesentliches Merkmal gebändigter Natur. Kein Schloß, kein Kloster, keine Stadtplanung ohne Allee als prägendes Gestaltungselement. Aus dieser Zeit stammen auch die eindrucksvollsten Beispiele alter Alleen in Deutschland. Typisch für diese Zeit ist das Beispiel des ersten Georg von England und Hannover, der seiner Tochter zum 21. Geburtstag über Nacht eine zwei Kilometer lange Lindenallee pflanzen ließ.

Alleen waren unverzichtbar für den langsamen Pferdewagen- und Fußgängerverkehr. Sie ersetzten, wie heute noch die kilometerlangen Straßenalleen Frankreichs, durch ihre kühlen Schatten und ihre windhemmende Wirkung in angenehmer und schöner Weise die Klimaanlagen amerikanischer Autos von heute.

Alleen pflanzte man bevorzugt aus Bäumen, die die Wärme gut vertragen, wie Linde, Esche, Eiche, Robinie, Platane und Kastanie. Das sind Baumarten, die heute fast nur noch in Parks und Grünanlagen unserer Städte neu gepflanzt werden, soweit sie nicht zum natürlichen Bestand unserer Wälder gehören.

In Deutschland sind Alleen nur noch Attribute wenig befahrener Landsträßchen oder für den Autoverkehr gesperrter Museumsstraßen. Die meisten Straßenalleen haben bei uns in den 60er und 70er Jahren dem Verkehr weichen müssen, weil Laub und Stamm unvernünftigen Autofahrern zum Verhängnis wurden oder ihr Maß den Verkehrsstrom nicht mehr faßte. Verständlich ist das eigentlich nur bei Alleen aus Obst- und Vogelbeerbäumen, die durch reichen „Fruchtmatsch" auch bei trockenem Wetter schon für Glätte sorgen.

Die heute verbreiteten Pappelalleen weiter Flußauen und feuchter Ebenen stehen nur selten an Straßen. Sie werden als Windschutz und Grenzzaun gepflanzt oder sind beliebt auf landwirtschaftlich kaum nutzbarem Grund als schnellwüchsiges Nutzholz, dessen Ernte der Pflanzer unter Umständen noch miterleben kann.

Abb. 14: Diese barocke Lindenallee bei Marktoberdorf lädt zu Ruhe und Besinnung.

Abb. 15: Eindrucksvolle Solitäreiche in einem Rübenacker am Rande des Reinhardswaldes.

Solitärbäume

Ein alter Baum, frei in der Landschaft stehend, wird heute mehr und mehr zur Seltenheit. Das grüngerandete Naturschutzschild allein noch garantiert, daß ihnen Gnadenbrot gegeben wird. Das nebenstehende Bild zeigt einen alten Recken, der von dem ehemaligen Wald aus Ehrfurcht wohl stehen blieb. Die Eiche hat bestimmt 800 Jahre überstanden. Drei Meter etwa mißt der Stamm in Schulterhöhe. Der Wipfel ist gestürzt. Die unteren Zweige zeigen noch die mächtige Breite, die einst die Krone hatte: Mehr als 20 Meter!

Es ist bekannt, daß Wurzeln im Trauf der Krone ihre Wurzelhaare bilden und dort die Nahrung zu sich nehmen müssen. Das müßte auch der Bauer wissen. Wie lange wohl wird das durch Tiefenpflug gestutzte Wurzelwerk dem Düngerüberschuß, Unkrautvernichtern, Austrocknung der Oberfläche und anderen Einflüssen widerstehen, mit denen er trotz aller Auflagen immer näher an den Stamm heranrückt, um mit ein paar Zentnern Rüben oder Mais im harten Konkurrenzkampf der Nahrungsmittelerzeuger besser dazustehen?

Viele der schönen Bäume, die ich fotografierenswert fand, sind in den letzten Jahren Opfer maschinengerechter Landwirtschaft geworden, durch Drainagen verkümmert, durch landwirtschaftspolitische Umstrukturierung vom Schattenspender auf Talweiden zum Störenfried im Getreideacker gezwungen. Inzwischen sieht man aber gelegentlich auch frisch gepflanzte Bäume am Feldrand.

Ob ein Baum am gewünschten Standort zum Solitärbaum geeignet ist, hängt meist von Bodenfeuchte und Klima ab. Linde, Birke, Ulme, Bergahorn und Eiche würden in Deutschland fast überall einzeln überleben. Weiden, Erlen, Eschen und Pappeln benötigen ausreichende Feuchtigkeit im Boden. Fichten und Lärchen mögen es nicht zu warm, Buchen sollten beschattet heranwachsen.

Abb. 16: Diese Wetterfichten leben stets am Existenzminimum, wie ihr Aussehen und der Junischnee deutlich zeigen.

Abb. 17: Fallwinde haben diese Fichten am Nordhang des Wettersteingebirges gestürzt und ihre Wurzelplatten vom Felsgrund gerissen, Lichtlöcher für Nachwuchs im Natur-Bergwald.

Das Ende von Baum und Wald

Für Bäume gibt es keinen Alterstod. Ewiges Leben scheinen uns 5000jährige Borstkiefern und alte Eiben, Mammutbäume, Eichen und Linden vorzuführen. Solange Wurzel und Knospen in Verbindung bleiben, bilden die Vegetationskegel junges Gewebe, das Abgestorbenes ersetzt. Für die Erhaltung der Leitungsbahnen sorgt das Kambium durch ständige Erneuerung von Holz und Rinde.

Natürliche Altersgrenzen setzt dem Baum seine eigene Fähigkeit, der Umwelt zu trotzen: Ist sein Holz stabil genug, haben seine Wurzeln genügend Halt, der Gewalt eines Herbststurmes zu widerstehen? Wie lange können Kork, Imprägnierungen und Harzfluß das Holz vor Fäulnis und Insektenfraß schützen? Erlauben Klima und Bodenverhältnisse ausreichende Reserveproduktion für den Austrieb nach der Winterruhe?

Alter und Verbreitung sind für jede Art aus diesen Faktoren begründbar. Die Gesamtheit der Einflüsse im Leben eines Baumes läßt sich bis hin zu Einzelereignissen wie dem Abfressen eines Zweiges an den Jahresringen ablesen. Freistehende Bäume haben, wenn das Wetter paßt, erheblich höhere Zuwachsraten als Waldbäume. Sie können Zweig und Laub weit ausladend dem Licht entgegenstrecken, in Gruppen dabei oft gemeinsam ideale Kronenformen bildend. So steigt die Chance für sie ein methusalisches Alter zu erreichen gegen Sturm und Schneelast, Maikäferkahlfraß und Pilzbefall, wenn nicht, ja wenn der Mensch nicht dazwischen kommt.

Landgewinn und Holzbedarf dezimieren Wald und Baumbestände seit Jahrtausenden. So verwandelten Phönizier, Perser, Griechen und Römer, Venetianer und Florentiner, zuletzt Spanier und Franzosen die einst dichten Waldmäntel der Mittelmeerländer in verkarstete Wüsten und Steppen. England, einst berühmt wegen seiner unendlichen Eichenwälder, „die keines Menschen Hand je würde merklich dezimieren können", war nach den Flottenbauten Nelsons und dem Industrieboom des 19. Jahrhunderts nahezu waldfrei. Mastholz für Großsegler verkahlte Norwegens Küstenwälder. Papierbedarf und zahlreiche andere Massennutzungen sind dabei, den Waldbestand der Erde so weit zu reduzieren, daß eine Regenerierung von Natur aus nicht mehr möglich sein wird. Denn die Standorte der großen Wälder sind oft armes, Jahrmillionen lang vom Wald selbst aufgezehrtes Land. Es bleibt nur durch ständiges Bio-Recycling fruchtbar. Täglich können wir lesen, wie Beweidung und Intensiv-Nutzung zu weiterer Verarmung der Böden führen, bis die Erosion ihm den Rest gibt. Wald oder Wüste, dazwischen gibt es kaum Alternativen.

Einsichtige Menschen gab es schon zeitig: 1237 verbot Eberhard von Salzburg das Roden und die Nutzung des Waldes als Weide, „damit das Holz daselbst nachwachsen könne". 1354 wird die Schafweide im Nürnberger Reichswald verboten. „Wer einen Baum schält, um daraus Lohe (zum Gerben) zu gewinnen, den soll man pfänden um eine Hand und einen Fuß". Auch Aschebrennen (Glasherstellung), der Laubaustrag (Streu im Stall), Holzdiebstahl und Waldbrand wurden mit ähnlichen Strafen bedroht. Wie harmlos lesen sich da unsere modernen Schutzgesetze. Was Wunder, wenn sie nichts helfen.

Im 18. Jahrhundert schrieb der sächsische Kammerrat v. Carlowitz ein Buch über die Aufzucht von Waldbäumen, „damit die Bergwerke (sie brauchten Grubenholz und Holzkohle zur Verhüttung der Erze) wegen anscheinendem Holzmangel künftig nicht in Abfall kommen und dadurch die florierende Commerzia gehemmt werden möchten". Und Schiller schreibt seinem Sohn, der Förster war: „Ihr seid groß, Ihr wirkt unbekannt, unbelohnt, frei von des Egoismus Tyrannei, und Eures stillen Fleißes Früchte reifen der späten Nachwelt noch."

Heute sind die Probleme für Wald und Baum vielschichtiger, Schädiger nicht mehr so leicht zu sichern. Unvorstellbare Größenordnungen werden uns da fast täglich genannt. Wer kann schon noch er-

Abb. 18: Ein Waldbrand vor 40 Jahren am Brunnstein bei Mittenwald war der Beginn dieser Steinwüste ohne Aussicht auf Erneuerung des Bewuchses, wie Lawinenspuren und Muren belegen.

Abb. 19: Wie dieser Baumstumpf wird alles ungeschützte Holz von vielen Kleinlebewesen zersetzt und irgendwann überwachsen.

Abb. 20 + 21 (oben): Die Kronen der Fichten im linken Bild waren noch drei Jahre zuvor so dicht und kegelförmig wie die der linken Gruppe im rechten Bild.

Abb. 22 (links): Raupen einer Miniermotte fressen Kiefernnadeln kammerförmig leer (gelbe Nadeln), Ameisen füttern sich mit dem Kot der Blattläuse, die den Saft aus der Rinde saugen. Ein gesunder Baum könnte sich wehren, ebenso gegen Borkenkäfer (Abb. 23, links unten). Käfer, Mottenlarve und Laus müßten im Harzfluß versaufen. Den schwarzen Borkenkäfer und seine weißen Raupen sieht man in den Fraßgängen.

Abb. 24: Pilze sind die Erreger der Fichtenrotfäule. Sie dringen ein, wenn in Wurzeln durch zu saure Bodenverhältnisse der Zellwandkitt undicht wird.

fassen, was Millionen Tonnen SO_2 bedeuten.

Stickoxide, Kohlenmonoxid, Ozon, Bleitetraethyl, Rotfäule, Borkenkäfer, radioaktive Belastung, da hat doch kein Einzelner mehr einen Überblick, oder?

Die Schäden sind kenntlich und der Gesamtbelastung zuzuordnen. So weiß man aus Jahrring-Untersuchungen an Eichen von Schwermetallstäuben in hohen Konzentrationen zur Gründerzeit und nach dem Krieg. Zunehmende SO_2-Belastungen führen zu deutlich engeren Jahresringen. Baumblätter an salzgestreuten Straßen zeigen schon im Juli, kaum daß sie ausgewachsen sind, durch breite braune Ränder das Ende ihres Funktionierens. Auf sauren Böden werden plötzlich Aluminiumsalze löslich, dringen in die Wurzeln ein und zerstören als hochgiftige Ionen das Gewebe. Als Folge von Stickoxiden werden vor allem bei schönem Wetter und in der Höhe die Blätter geschädigt. Verminderte Nahrungsproduktion verringert Harzfluß und allgemeine Widerstandskraft. Fäulnis kommt rasch zum Zug. Schadinsekten spüren keine Abwehr des Baumes und vermehren sich rasend. Ein trockenes Jahr dazu, ein harter Winter zu viel, da können selbst Angsttriebe und Notblüten nicht helfen.

Großflughäfen, Raffinerien, Fernstraßen, Großindustrien, Wohnungsbau, Müllagerung, Steine, Kies, Zementrohstoffe, all dies fordert Waldfläche, denn nur die ist noch bezahlbares Land. Freistehende Bäume müssen dem Verkehr oder maschinengerechtem Landbau weichen. Wenn sich der Bürger nicht massiv zur Wehr setzt, der Gesetzgeber nicht, wie zum Ende des Mittelalters, der Rodungswut dieses Jahrhunderts ein Ende setzt, werden wir unseren Enkeln bestenfalls eine Kultursteppe hinterlassen.

Abb. 25: Hoher Salzgehalt im Boden führt schon im Juni zu braunen Blatträndern, wie bei diesem Ahorn an einer Straße. Besonders empfindlich sind Kastanien.

Abb. 26: Bleitetraethyl und Kohlenmonoxid ließen diese Buche an der Autobahn verkrüppeln und dichte Büschel besenartiger Angsttriebe treiben.

Baumbiologie

Abb. 27: Buchenkeimlinge mit Fruchtschale (links) und ausgebreiteten Keimblättern (rechts).

Die ersten Wochen

Ein Samen keimt: Das Keimwürzelchen des Embryo bricht durch die harte Samenschale, sucht Halt und Wasser im Boden, wächst heftig und verzweigt sich rasch. Ihm folgt mit starkem Drang zum Licht der Keimsproß, der schon vorentwickelte Primärblättchen trägt. Wasser, Mineralstoffe, Licht und Kohlendioxid der Luft machen das junge Pflänzchen unabhängig von den Reserven der Mutterpflanze, die als Endosperm oder in Keimblättern die Hauptmasse der Samen bilden, vergleichbar dem Dottersack vieler Tiereier. Bei der Keimung oft mit über die Erde gehoben, helfen Keimblätter durch ihre besonderen Formen beim Zuordnen der jungen Pflanze.

Das Stämmchen eines frisch gekeimten Baumes hat im Zentrum ein Mark aus rasch absterbenden Zellschaum.

Es folgt das Holz. Als rohrartiger Mantel wesentlich schwerer zu verbiegen als ein massiver Stab aus gleicher Materialmenge, gibt das Holz dem jungen Baum rasch die nötige Stabilität, daß Wind- und Schneedruck ihn nicht gleich knicken. Holz ist für die Wasserleitung zuständig, besteht also vorwiegend aus Gefäßen, toten, dickwandigen Zellen. Durch Auflösung ihrer Querwände zu endlosen Rohren zusammengefügt, verbinden sie die tiefsten Enden der wasseraufnehmenden Wurzeln mit den höchsten Blüten- und Blattspitzen. Lange, elastische, ebenfalls dickwandige tote Holzfasern verstärken die Festigkeit des Holzes. Gefäße und Fasern werden während ihrer Entwicklung versorgt von Holzparenchymzellen.

Durch eine einzige Schicht aus Kambiumzellen getrennt, umschließt die Rinde das Holz. Sie enthält innen die Siebzellen, versorgt von plasmareichen Geleitzellen. Siebzellen leiten im Gegenstrom zum Wasser den Lebenssaft der Assimilate als Energie- und Baumaterial aus den Blättern in alle Teile der Pflanze. Was Wunder, daß ein Baum stirbt, den man „ringelt", also ringsum einen Streifen Rinde bis ans Holz hinein herausschneidet. Die äußere Schicht der jungen Rinde besteht aus Grundgewebezellen, die z.B. Stärke speichern können. Dazwischen eingelagert können bis zu 30 cm lange tote Bastfasern und mehr kugelige, dickwandige tote Steinzellen die Reiß- und Druckfestigkeit der Rinden erhöhen.

Die ganze Pflanze wird oberirdisch geschützt durch eine einschichtige Epidermis als erstem Abschlußgewebe. Zur Abwehr von Fäulnis und als Verdunstungsschutz ist sie von einer wachsartigen Schicht, der Cuticula, wie mit einer Plastikfolie überzogen.

Es drängt die Zeit! Das Baumkind muß in unseren Breiten in höchstens 5 Monaten bereit sein für die erste Winterruhe, Reserven für den Frühjahrstrieb gesammelt, Stämmchen und Zweiglein genügend Schutz und Festigkeit gegen Trockenheit, Winterkälte, Wind- und Schneedruck geschaffen haben, ein Rhythmus, der sich jährlich wiederholt.

Abb. 28: Junge Buche am Ende des 2. Jahres. In der Mitte des Stämmchens ein Ring, der das 1. Jahr begrenzt.
Die spitze braune Gipfelknospe enthält schon den Trieb des 3. Jahres.
Das Pflänzchen ist etwa 18 cm hoch.

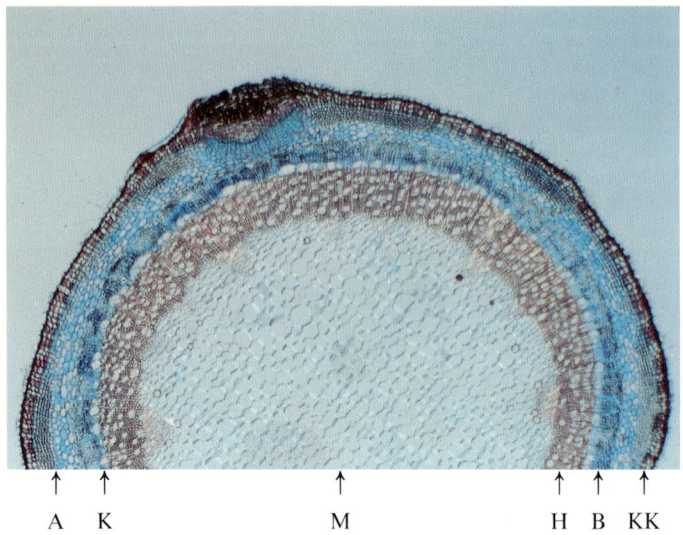

$$\uparrow \quad \uparrow \qquad\qquad \uparrow \qquad\qquad \uparrow \; \uparrow \; \uparrow$$
A K   M   H B KK

Abb. 29: Querschnitt durch einen halbjährigen Holunderzweig.
Das hier besonders große Mark (M) ist von einem Holzring (H)
umgeben, dessen verholzte Zellen rötlich eingefärbt sind.
Die jungen weiten Holzzellen, vom Kambium (K) neu gebildet
und noch nicht verholzt, sind blau gefärbt wie alle
nicht verholzten Zellen. Die schmale, kleinzellige Bastzone (B)
leitet die organischen Assimilate aus den Blättern.
Breiter ist die Außenrinde (A), die verschiedene Zelltypen
für verschiedene Speicher- und Festigungsaufgaben enthält.
Ganz außen schützt den jungen Zweig bereits ein Kork (KK).
Auf seiner Oberfläche sieht man noch die Reste
der abgestorbenen großen Epidermiszellen.

Abb. 30: Die Zeichnung zeigt in mehreren Schritten
trickfilmartig, wie durch Neubildung von Zellen
und deren Größenwachstum das Holz (H, gelb) dicker wird
und die Zellschichten von Kambium (K, rot)
und Rinde (S, grün) immer weiter nach außen wandern.
Eine bestimmte Zelle hat in jedem Schritt dieselbe Ziffer.

Der Drang zum Licht

Das Ziel der Bäume ist, die Konkurrenz
im Kampf ums Licht langfristig zu über-
trumpfen. Wie schaffen sie es, in Höhen
bis zu 140 m aufzusteigen und bis 5000
Jahre zu bestehen?

In den Vegetationskegeln der Wurzeln,
den Wurzelspitzen, und denen der Spros-
se, die wir in ruhender Form, geschützt
von schuppigen Hochblättern, als Knospen kennen, werden die Zellmassen gebildet. Die Zellen, die sich im günstigsten
Fall alle Viertelstunde einmal teilen, müssen sich erst zu ihrer Endgröße strecken,
ehe sie die starren Zellulosewände ausbilden können. Denn diese Wände machen
weitere Zellvergrößerungen unmöglich,
oder zumindest sehr schwierig. Diese
Zellwand ist aber für unsere Bäume ent-
scheidend. Sie allein ist das Skelett des
Baumes. Er hat keine Knochen oder Pan-
zer, die ihm Stütze und Form geben
könnten.

Die Vegetationskegel von Wurzel und
Sproß treiben das Spitzenwachstum vor-
an. Sie produzieren dabei Hormone, Au-
xine genannt. Sie wirken in hoher Kon-
zentration hemmend, in geringer aber
aktivierend auf die Vermehrungsrate teilungsfähiger Zellen. Wenn sie mit dem
Saftstrom nach unten wandern, verhindern sie zunächst das Austreiben von
Knospen unter dem Gipfeltrieb, so daß
dieser zügig und ohne eigene Konkur-
renzbildungen dem Licht entgegen
wächst. In größerem Abstand dann sind
sie so weit verdünnt, daß sie die Knospen
aktivieren und die Verzweigung fördern.

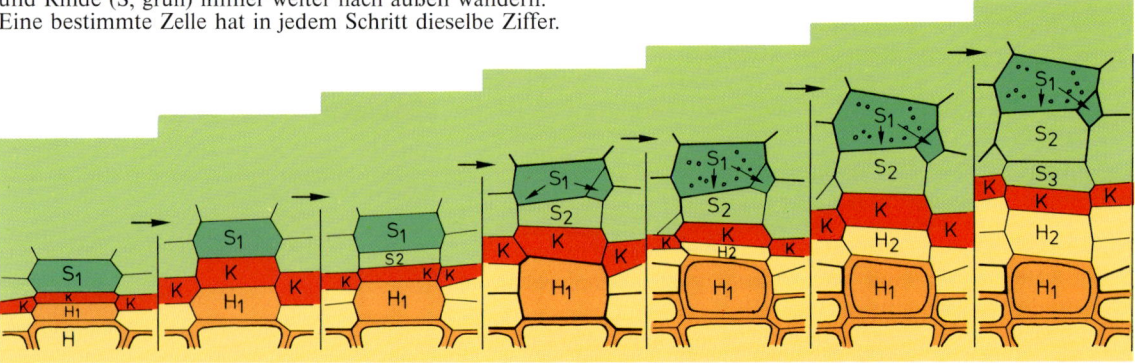

Ein Stamm soll werden

Damit ist die Hormonleistung aber nicht erschöpft, wir dürfen nämlich das Kambium als Schicht teilungsfähiger Zellen nicht vergessen. Werden diese Zellen aktiviert, so nimmt der Stamm an Umfang zu, denn die Teilungsrichtung der Kambien ist tangential angelegt. Seine Neubildungen verursachen das „Sekundäre Dickenwachstum".

Was geht da im einzelnen vor? Die von der Kambiumschicht nach innen abgeteilten Zellen spezialisieren sich zu Holzzellen: Gefäßen, Holzfasern, Holzparenchymzellen. So nimmt der Umfang des Holzkörpers ständig zu und schiebt die Kambiumschicht nach außen. Gleichzeitig werden die nach außen abgeteilten Zellen in wechselnder Folge ausgebildet zu Zellen der Assimilatleitung (Sieb- und Geleitzellen) oder zu stabilisierenden, mehr oder weniger geschlossenen Ringen aus Bastfasern und Steinzellen. Die Rinde bekommt jetzt den Namen „Bast". Die leitenden Abschnitte heißen Weichbast, die festigenden Hartbast.

Nach kurzer Kambiumtätigkeit schon wird's problematisch: Die Epidermis faßt die Zunahme des Gesamtumfanges nicht mehr, sie platzt. Eindringende Fäulnis könnte dem Leben des Bäumchens bald ein Ende setzen. Die Pflanze hilft sich, läßt ein weiteres Kambium aus Zellen der äußeren Rindenschichten entstehen. Die von diesem Korkkambium nach außen abgeteilten Zellen vergrößern sich kaum, lagern zwischen ihre Wandschichten wasserabstoßende, wachsartige Korksubstanzen und ersetzen als Kork die nun überflüssige Epidermis.

Ohne Zellneubildungen würde natürlich auch die Rinde reißen. Die Verbreiterung des Stammes geht ja vom Kambium aus, der Grenzschicht zwischen Holz und Rinde. Ältere, im Umfang geringere Rindenschichten liegen also, wie die Epidermis, außen. Auch hier übernehmen Parenchymzellen der Rinde die Auffüllung und Erweiterung, vornehmlich in Segmenten, die man Markstrahlen nennt. Diese sorgen im Stengel für eine radiäre Versorgungsleitung zwischen Mark, Holz und Rinde wie Stichkanäle für einen Hausanschluß. Markstrahlen werden sich im Bast also von innen nach außen trichterförmig erweitern. Zusätzlich legt das Kambium neue, sekundäre Markstrahlen an, damit auch im frischen Holz und Bast keine Versorgungsprobleme entstehen. Abstand, Höhe und Breite dieser Markstrahlen sind für jede Pflanzenart charakteristisch und mitverantwortlich für die typische Maserung der Hölzer.

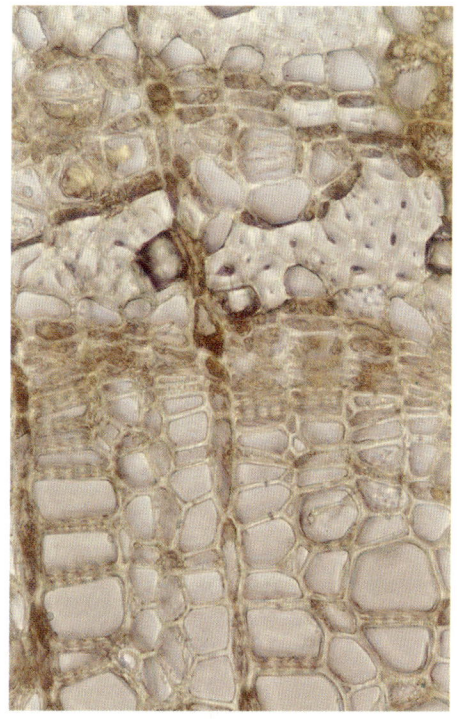

Abb. 31: Dieser Ausschnitt aus einem Querschnitt durch einen Lindenzweig zeigt in der Mitte das Kambium als Linie aus dünnen Zellen. Die untere Hälfte zeigt das Holz mit Gefäßen zur Wasserleitung, die obere Bast aus hellen, dickwandigen Hartbastgruppen und dunklem Weichbast für die Assimilatleitung. Von oben nach unten durchziehen Markstrahlen das Bild.

Abb. 32: Querschnitt durch einen etwa 10jährigen Lindenzweig mit etwa 12 mm Durchmesser.

In der Mitte erkennt man wieder das weißschaumige Mark, durch sehr schmale Linien,
die Markstrahlen, durch den Holzkörper hindurch mit der Rinde verbunden.

Das gelblich-braune Holz läßt an einigen Stellen die kleinen Löcher von großen Gefäßen erkennen.
Jahrringe sieht man nur undeutlich, weil die Gefäße bei Lindenholz mehr eckig, nicht so dickwandig sind
und auch im Spätholz im Sommer und Herbst noch gleichmäßig weiter erneuert werden (s. Abb. 31).
Dadurch ist Lindenholz weich und kaum gemasert und eignet sich so hervorragend zum Schnitzen.
So ein Holz nennt man „zerstreutporig", im Gegensatz zum „ringporigen" Holz der Eiche (rechts, Abb. 33),
die im Frühjahr eine Zeitlang zur raschen Wasseraufnahme extrem große Gefäße anlegt („Frühholz"),
im Sommer und Herbst dann fast nur noch enge Fasern zu harten, dichten „Spätholz"-Ringen verbindet.

Das bei dieser Vergrößerung nicht sichtbare Kambium liegt dort, wo der Holzkörper
in die gestreiften Bastkeile übergeht. In diesen liegen ja, da sie von innen her erneuert werden,
die älteren, schmaleren Abschnitte weiter außen. Die Zwischenräume füllt schaumiges Markstrahlgewebe.

Der durchgehende helle, schmale Ring ist die primäre Rinde, entspricht also etwa der Gesamtrinde
(Abschnitt A und B) von Abb. 30, die im direkten Vergleich nur etwa halb so groß sein dürfte.

Die deutliche Trennlinie zu der sekundären Rinde (= Bast) mit den Bastkeilen deutet darauf hin,
daß hier ein zweites Korkkambium eine neue Korkschicht aufbaut. Das ist auch nötig, denn die erste,
kaum kenntliche braune Korkschicht auf der Außenseite zeigt schon einige Risse.

Stammholz, Zuwachs und Verkernung

Trotz des hohen Baumalters beträgt die Lebensspanne der nicht teilungsfähigen Pflanzenzellen nur wenige Jahre. Nur in den jungen Holz- und Bastschichten nahe dem Kambium leitet und lebt also der Stamm. Der Baum muß Holz und Bastzellen ständig erneuern, seinen Bedürfnissen anpassen. Weite Gefäße sichern im Frühjahr reichlichen Zustrom von Wasser. Im Laufe des Sommers sorgt ein geringeres Wasserangebot für die Ausbildung engerer Leitungen, die dann zum Herbst hin Fasern gleichen oder durch Fasern ersetzt werden. Nach der Winterpause beginnt der Zyklus erneut, so daß im Holz charakteristische Jahrringe entstehen, deren Zahl in Bodenhöhe uns das Alter des Baumes verrät.

Klimatische Schwankungen lassen sich an der Ausbildung der Jahrringe ablesen, so daß man durch den Vergleich mit gefällten alten Bäumen die Entstehungszeit von Balken aus der gleichen Gegend ermitteln kann. Ein paar Jahrtausend rückwärts ist man mit dieser historischen „Baumuhr" inzwischen. Die Bestimmung des Alters lebender Bäume ist recht ungenau, ihre Umfangszunahme von zahlreichen wechselnden Faktoren wie Lichtmenge, Feuchtigkeit, Sommertemperatur und Alter abhängig. Forstleute haben dicke Tabellen zur Schätzung nach Standort und Umfang. Für halbwegs freistehende Bäume kann gelten: 200 Jahre etwa 60 cm, 400 Jahre etwa 1 m Durchmesser. Man kann dem Baum auch einen Bohrkern herausschneiden, riskiert für ihn damit aber Infektion und Tod.

Irgendwann einmal schaffen Pilze und Bakterien den Weg ins tote Holz der Bäume. Weide, Pappel, Eberesche und Birke, die ihre toten Kerne nicht mit Harzen, Gerbstoffen oder Anderem imprägnieren, fallen meist nach höchstens 100 Jahren einem Sturm zum Opfer. Wir erkennen das Kernholz der meisten anderen Arten an der dunkleren Färbung, die es deutlich von den fast weißen tätigen Schichten des Splintholzes abhebt.

Abb. 33: Holzquerschnitt von einer Ende 78 gefällten Eiche. Gefäße, Jahrringe und dunkle Verkernung (ab 64) sind deutlich.
In 78 wurde zweimal Frühholz gebildet, weil der Sommer extrem regenreich war. Es gab einen guten „Holzzuwachs".
76 war das feuchte Frühjahr sehr kurz (schmales Frühholz), der Sommer nicht zu trocken und lang (sehr breites Spätholz).
75, 69 und 62 müssen kurze, warme Sommer gewesen sein.

Zu Beginn der Verkernungszone (63/64) glitzern kleine Bläschen, mit deren Hilfe die Kernimprägnierung in die Gefäße gelangt.

Abb. 34: Bei diesem Kiefernborkenstück sind die dunklen, toten Rindenabschnitte zwischen den hellen Korkschichten herausgebürstet.

Abb. 35: Die Umfangserweiterung durch die Frühholzbildung schält bei dieser chinesischen Zierkirsche breite Rindenstreifen vom Stamm.

Rinden und Borken

Selbstverständlich ist auch für die Korkschicht eine regelmäßige Anpassung an die jährliche Zuwachsrate erforderlich. Bäume mit dünnem Kork können durch seitliche Teilungen ihres Korkkambiums im Laufe des Jahres die Umfangserweiterungen auffangen. Sie haben meist eine glatte, graue Rinde, die nur bei sehr alten Stämmen rissig wird. Man nennt sie Schattenrinde. Nur Bäume, deren Stamm während des Sommers durch eigenes oder fremdes Laub von Natur aus gegen intensive Sonnenstrahlung geschützt ist, können damit überleben. Dazu gehören Buche und Grauerle. Lichthölzer wie Kiefer, Lärche, Eiche, Pappel und andere lassen viel Sonne durch ihr lockeres Geäst zum Stamm. Sie schützen sich vor Rindenbrand durch dicke Borken. Dazu legen sie in inneren Schichten des Bastes immer wieder neue Korkkambien an. Rindenschichten, die dadurch außerhalb der innersten Korkschicht zu liegen kommen, werden durch die Dichtung des Korks von ihrer Versorgung abgeschnitten und sterben ab. So wechseln sich Kork und toter Bast in schöner Regelmäßigkeit in einer Borke ab. Die lockeren, toten Bastschichten bieten Nahrung für viele Lebewesen und Halt für Moose und Flechten. Wir können sie bei Kiefern leicht mit einer Zahnbürste zwischen den zähen, widerstandsfähigen Korkschichten herausbürsten.

Bäume wie die Birke legen ihre neuen Korkkambien stets in geschlossenen Rohren an. Im Frühjahr lösen sich daher die zu eng gewordenen Korkschichten in Röllchen vom Stamm (Ringelborken oder Schälrinden). Platanen und Fichten bilden schlüsselförmig sich überschneidende Korkkambien aus. Sie stoßen alte Schichten in mehr oder weniger großen Platten ab (Schuppen- oder Plattenborken). Borken mit längsstreifig sich überschneidendem Korkkambium (Streifenborken) öffnen sich längs des Baumes in sich nach außen verbreiternden Rinnen. Sie können sehr dick werden und wittern nur langsam vom Stamm. Aus diesen Borken schnitzt man Rindenschiffchen.

Die Wurzel tränkt und hält

Wurzeln können Wasser nur in den Spitzenbereichen junger Feinwurzeln aufnehmen, wo diese noch nicht durch wasserdichte Außenschichten abgedichtet sind. Diese ständig neugebildeten Wurzelhaarzonen liegen beim freistehenden Baum oft weit außerhalb des Kronentraufs und selten tiefer als 15 cm unter der Oberfläche. Zur Steigerung der sonst zu knappen Wasseraufnahme lassen die meist engstehenden Waldbäume ihre Wurzeln auf lange Strecken mit einem dichten Filz aus Pilzfäden umspinnen, der Wasser aufsaugt wie Löschpapier, eine riesige Oberflächenvergrößerung für die Wasserversorgung des Baumes. Die Abdichtung der Wurzeln in diesen Bereichen durchbricht der Pilz und versorgt sich zum Lohn vom Baum mit Assimilaten. Mykorrhiza (*Mycos* = Pilz, *Rhiza* = Wurzel) nennt man diese Symbiose.

Rechnet man die an einer freistehenden Weizenpflanze mit einem Einzugsbereich von 4−5 m² gemessene Länge aller Wurzelstrecken von 80 km hoch auf eine Fläche von 80 m² für die Wurzelscheibe eines mittleren Baumes, so kommt man auf mehr als 1200 km Länge! Die Oberfläche der wasseraufnehmenden Zonen dürfte etliche 1000 m² betragen.

Im gesamten Wasseraufnahmebereich der Wurzel verhindert eine spezielle Zellschicht, die Endodermis, das Eindringen von unerwünschten Molekülen und Ionen in die Leitungsbahnen. Sie entspricht in ihrer Aufgabenstellung unserer Darmschleimhaut: Nur was diese passieren läßt, gelangt in die Blutbahn und kann uns nützen oder schaden.

Dick werden Wurzeln ähnlich wie der Stamm. Halt schaffen sie auf dreierlei Art: Herzwurzler (Buche) teilen ihre Wurzel vielfach gleich am Stamm und schicken sie in alle Richtungen. Tief dringen dicke Pfahlwurzeln bei anderen (Kiefer) zum Wasser und sichern festen Stand. Dritte (Fichte) wurzeln flach und treiben, wenn der Untergrund sie läßt, von starken Wurzelästen Senker zu Halt und Wassersuche in die Tiefe.

Abb. 36: Wurzelspitze einer Feinwurzel. Wurzeln ohne Mycorrhiza − Symbiose können Wasser nur im Bereich der Wurzelhaare aufnehmen.

Abb. 37: Dieser Fichtenwurzelteppich wurde an einem vielbegangenen Hang freigespült. Er macht deutlich, welche Bodenhaltung Bäume leisten können und wie dicht unter der Oberfläche die Wurzeln liegen.

Abb. 38: Das Schema der Photosynthese zeigt den Prozeß stark vereinfacht. Die ersten Schritte sind lichtabhängig und werden „Lichtreaktionen" genannt, die Weiterverarbeitung erfolgt dann lichtunabhängig in den „Dunkelreaktionen". Hier für Interessierte die Gleichungen:

Lichtreaktionen:

Freisetzung von Elektronen (e⁻):

$$\text{Chlorophyll} \xrightarrow{\text{Lichtenergie}} \text{Chlorophyll}^+ + e^-$$

Reduktion von Wasserstoffionen zu Wasserstoff ($\boxed{/}$ = Überträgersystem):

$$H_2O \longrightarrow H^+ + OH^-$$

$$2 H^+ + e^- \xrightarrow{\boxed{/}} H_2\boxed{/}$$

Aufarbeitung der OH⁻-Ionen und Regenerierung des Chlorophylls:

$$2 OH^- \longrightarrow H_2O + O + 2 e^-$$

$$\text{Chlorophyll}^+ + e^- \xrightarrow{ADP+\textcircled{P}\ \ ATP} \text{Chlorophyll}$$

Dunkelreaktionen:

Reduktion des Kohlendioxid:

$$CO_2 + 2 H_2\boxed{/} \xrightarrow[ADP+\textcircled{P}]{ATP} [H-\overset{|}{\underset{|}{C}}-OH] + H_2O + 2\boxed{/}$$

$$6 \times [H-\overset{|}{\underset{|}{C}}-OH] = C_6H_{12}O_6 \text{ (Glucose)}$$

ATP (Adenosintriphosphat) ermöglicht Reaktionen in biologischen Prozessen.

Die Gesamtgleichung, in der die Atome des Wassers fett gedruckt sind:

$$6\,CO_2 + \mathbf{12\,H_2O} \xrightarrow[ADP, \textcircled{P}\ u.\ \boxed{/}]{\text{Licht u. Chlorophyll}} C_6\mathbf{H_{12}}O_6 + \mathbf{6\,O_2} + \mathbf{6\,H_2O}$$

Abb. 39: Leitbündel durchziehen ein Blatt wie Nerven oder Adern tierisches Gewebe. Für das Bild wurde ein Kirschblatt als Negativ in den Vergrößerer gelegt. Es zeigt also die Negativ-Farben.

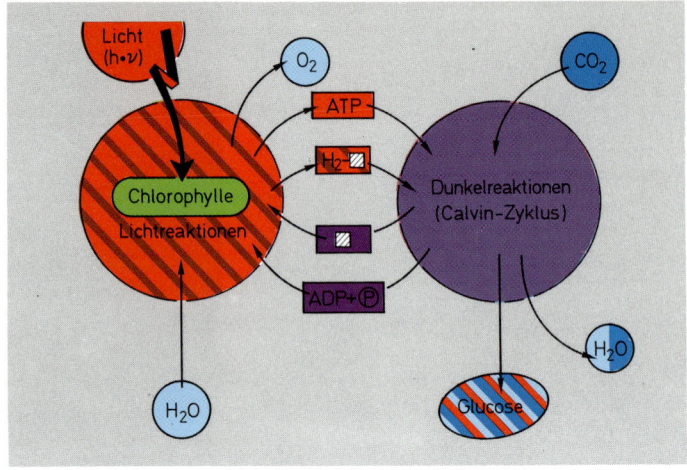

Chemiewerk Blatt

Hauptproduktionsstätte der Pflanze ist das Blatt. Hier wird im chemischen Prozeß der Photosynthese die vom Chlorophyll (Blattgrün) aufgefangene Lichtenergie dazu verwendet, im Wasser gebundenen Wasserstoff zu reduzieren (Lichtreaktion). Dieser atomare Wasserstoff wird über biologische Systeme in einem biochemischen Kreisprozeß (Calvin-Zyklus) zur Reduktion von CO_2, dem Kohlendioxid der Luft, verwendet (Dunkelreaktion). Die so entstehenden H-C-OH-Einheiten werden als Zuckermoleküle (Glucose) laufend dem Kreisprozeß entnommen. Damit ist der Grundnährstoff fast aller Lebewesen hergestellt. Die Photosyntheseleistung der Pflanzen hat vor mehr als einer Milliarde Jahren das Leben auf der Erde revolutioniert: Der bei der Lichtreaktion anfallende Rest des Wassers, das OH⁻, regeneriert in einer zweiten Lichtreaktion das Chlorophyll unter Bildung von Wasser und reinem Sauerstoff (O_2). Die fast sauerstofffreie Atmosphäre der Erde wurde in Jahrmillionen mit diesem Abfallprodukt der Pflanzen laufend angereichert. Ab etwa 6 % Sauerstoff in der Atmosphäre ist tierisches Leben möglich.

Die Pflanzenzellen brauchen zur Energiegewinnung aus Zucker den Sauerstoff genauso wie Tierzellen. Sie verarbeiten aber viel mehr Zucker zu Holz und anderen Stoffen, so daß sie ohne Tiere als O_2-Verbraucher an ihrer eigenen O_2-Überproduktion längst erstickt wären. Auch Mangel an CO_2 hätte das Pflanzenwachstum längst stark eingeschränkt, sorgten nicht Tiere und Mikroorganismen durch die Veratmung und Verwesung lebender und toter Biomasse für steten Nachschub an CO_2. Wir wissen, daß seit langem das CO_2-O_2-Verhältnis der Atmosphäre weitgehend konstant ist. Erst seit der Industrialisierung mit ihrer gesteigerten CO_2-Produktion droht das Gleichgewicht zu unserem Schaden umzukippen, zumal gleichzeitig Bäume als CO_2-Massenverbraucher in unvorstellbaren Mengen vernichtet werden.

Diese etwa
100 Jahre alte Buche
sollten Sie sich etwa 20 m hoch
und mit etwa 12 m Kronendurchmesser vor-
stellen. Mit ihren 600 000 Blättern verzehnfacht
sie ihre 120 qm Standfläche auf etwa 1200 qm Blattfläche.
Durch die Lufträume des Schwammgewebes entsteht eine Zell-
oberfläche für den Gasaustausch von etwa 15 000 qm, also zwei Fuß-
ballfelder! 9 400 Liter = 18 kg Kohlendioxid verarbeitet dieser Baum
an einem Sonnentag. Das ist der durchschnittliche Kohlendioxidabfall
von zweieinhalb Einfamilienhäusern. Bei einem Gehalt von 0,03 %
Kohlendioxid in der Luft müssen etwa 36 000 cbm Luft durch diese
Blätter strömen mitsamt den enthaltenen Bakterien, Pilzsporen,
Staub und anderen schädlichen Stoffen, die dabei großenteils im
Blatt hängen bleiben. Gleichzeitig wird die Luft angefeuchtet,
denn etwa 400 Liter Wasser verbraucht und verdunstet der Baum an
demselben Tag. Die 13 kg Sauerstoff, die dabei vom Baum durch die
Photosynthese als Abfallprodukt gebildet werden, decken den Bedarf
von etwa 10 Menschen. Für sich produziert der Baum an diesem Tag
12 kg Zucker, aus dem er alle seine organischen Stoffe aufbaut.
Einen Teil speichert er als Stärke, aus einem anderen baut
er sein neues Holz. Wenn nun der Baum gefällt wird zur
bequemeren Bearbeitung des Ackers, auf Antrag
des Automobilclubs, weil der Baum zu viel
Schatten macht
oder gerade
dort ein Geräte-
schuppen auf-
gestellt werden
soll, so müßte
man etwa 2 000
junge Bäume mit
einem Kronenvolumen
von 1 cbm pflanzen, wollte man ihn vollwertig
ersetzen. Die Kosten dafür dürften etwa 250 000,− DM betragen.

Abb. 40: Dieser Textbaum macht
eine Reihe von interessanten Angaben
über Nutzen und Leistungsfähigkeit
von Bäumen.
Die Idee stammt von G. Bruns.

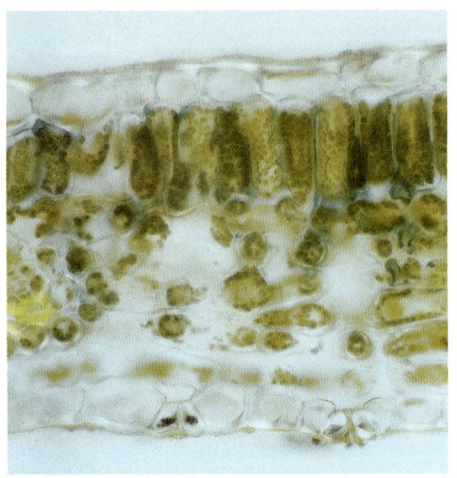

Abb. 41: Schnitt durch ein Laubblatt, dem die Blätter unserer Laubbäume meist gleichen.

Die Schichten sind von oben nach unten:

— Blattoberhaut (Epidermis, chlorophyllfrei)

— Palisadenschicht mit viel Chlorophyll

— Schwammgewebe mit Chlorophyll und großen Luftgängen und Atemhöhlen

— Untere Blatthaut (Epidermis), unterbrochen durch Spaltöffnungen mit besonderem Regelmechanismus durch die chlorophyllhaltigen Schließzellen.

Abb. 42: Durch Lichteffekte gefärbt ist diese Aufsicht auf die Spaltöffnungen der Unterseite eines Schwertlilienblattes.

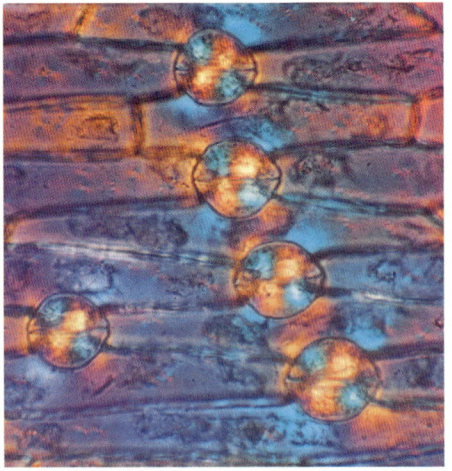

Die Blätter sind ihrer Aufgabe hervorragend angepaßt: die verdunstungsmindernde Epidermis ist auf der Schattenseite von Spaltöffnungen durchbrochen, kleinen Löchern, deren Weite von besonderen Zellen durch Lichtmenge und Feuchtigkeit reguliert wird. Unter der dem Licht zugewandten Oberseite des Blattes fangen gestreckte, reichlich mit Chlorophyllkörnern gefüllte Palisadenzellen das Licht. Durch die Spaltöffnungen eindringende Luft wird in der unteren Hälfte des Blattes durch ein System von Gängen zwischen den Zellen des Schwammparenchyms zu den Palisadenzellen geleitet. CO_2 wandert zu den Chlorophyllkörnern, O_2 in die Luftkanäle und mit dem Luftstrom nach draußen. Die Blattform sorgt dafür, daß, vergleichbar den Verhältnissen an einem Flugzeugflügel, schon bei leichter Brise an einem Ende ein Überdruck Luft in die Spaltöffnungen preßt, während auf der dem Wind abgewandten Kante ein schwaches Vakuum die Luft aus dem Blatt heraussaugt. Gleichzeitig durchströmt Wasser mit den gelösten Salzen über das System von Blattadern zwischen Schwamm- und Palisadenzellschicht das Blatt, verteilt sich dort auf die Blattzellen, läßt sich umsetzen, macht die Zellen prall und die Blätter straff. Was nicht in den Zellen verarbeitet wird, verdunstet mit dem Luftstrom.

Laubfall

Wenn Blätter welken, kann das durchaus im normalen Lebensrhythmus des Baumes begründet sein. Durch Anreicherung von Salzen, die ja bei der Verdunstung im Blatt zurückbleiben, sinkt die Leistungsfähigkeit der Blattzellen, bis das Blatt vom Baum abgestoßen wird. Immergrüne Wälder durchrieselt daher ständig ein Blätterregen, der nicht nur die Humusbildung fördert, sondern die aufgenommenen Mineralstoffe in den Kreislauf zurückbringt und so den Boden düngt. Auch Nadelbaumblätter fallen nach 5—9 Jahren.

Herbstlicher Laubfall in unseren Breiten hat vorwiegend andere Gründe. Verwüstungen durch das Gewicht vorzeitigen Schneefalls oder durch Eisbildung an noch belaubten Bäumen zeigen eindrucksvoll, welcher Gefahr ein kahler Baum entgeht. Der Baum selbst weiß nicht um solche Gefahr. Lichtmangel setzt den Prozeß in Gang. Verminderte Produktion im Blatt durch kürzere Tage und nebelbedingtes Dämmerlicht beenden die Chlorophyllproduktion. Das Blatt zeigt nun andere Farbstoffe, als Lichtschutz, zur Unterstützung der Photosynthese oder aus anderen Gründen den Sommer über auch vorhanden, aber vom Blattgrün weitgehend überdeckt, verstärkt sie häufig noch durch Abbauprodukte des Chlorophylls. So leuchtet uns herbstliches Laub in berauschender Pracht, wenn bis zum ersten Frost und Wintersturm genügend Feuchtigkeit und zahlreiche Altweibersommertage Zeit zur vollen Ausbildung des möglichen Farbspektrums lassen. Ein einziger Nachtfrost sorgt dafür, daß die Vergänglichkeit dieses Naturschauspiels im dichten Blattfall deutlich wird und nur der bunte Laubteppich noch eine Weile uns erinnert.

Abb. 43: Reines, leuchtendes Gelb kennzeichnet das ausgefärbte herbstliche Spitzahornblatt.

Abb. 44 (oben links): Männliche und (Abb. 45 oben rechts) weibliche Blüten stehen bei Weiden auf getrennten Bäumen.

Rechte Seite von oben:
Abb. 47 (links): Okulieren, Abb. 48 (rechts): Pfropfen.
Abb. 49: Wurzelbildung und Knospentrieb an einem Weidenzweig.
Abb. 50: Kräftige Astüberwallungen als Wundverschluß.

Abb. 46 (unten): Spitzahornblüten sind zwittrig, also männlich und weiblich zugleich.

Baumblüte

Ich denke, es ist nicht nötig, an dieser Stelle auf die Bedeutung von Blüten als die Fortpflanzungsorgane der Bäume näher einzugehen. Sie brauchen diese in gleicher Weise wie die Blumen in Feld und Garten. Auffällig ist allerdings, daß uns der Wald nie mit solch bunter Blütenpracht überrascht wie eine Frühlings- oder Sommerwiese. Nur wenige einheimische Baumarten wie die Obstbäume haben auffällige Blütenkronen. Meist sind sie unscheinbar und gelblich bis grün gefärbt oder zu kaum sichtbaren Resten verkümmert. Unsere Waldbäume lassen sich nämlich vom Wind den Blütenstaub vertragen. Und die wenigen am Waldrand oder mehr einzeln lebenden Arten, die sich von Insekten bestäuben lassen, bieten ungeheure Blütenmassen und damit Nektar in solchen Mengen, daß z. B. die Gegend um eine blühende Sommerlinde sogar für unsere schwachen Nasen weithin nach Honig duftet.

Inzucht ist für reine Obstarten zwar von Vorteil, schwächt aber im Laufe von Generationen die Widerstandskraft der Nachkommen, während die Kombination des Erbgutes eines ganzen Bestandes eine gesunde Mischung aller Merkmale auf lange Sicht und damit den Bestand der Art auch gegenüber seltenen Umwelteinflüssen garantiert. Durch die Größe der Krone und die Vielzahl der Blüten eines Baumes würde Selbstbestäubung fast zur Regel. Nur wenn jede Pflanze nur ein Geschlecht ausbilden kann, ist Fremdbestäubung garantiert. Solche Pflanzen (Eibe, Pappel, Weide) sind zweihäusig. Viele einhäusige Pflanzen (Buchen, Eichen, Birken, Fichten) sind getrenntgeschlechtig. Bei ihnen stehen Blüten beiderlei Geschlechts zwar auf einem Baum, doch jede Sorte in besonderen Blüten oder Blütenständen für sich. Zwittrige (Ulme, Ahorn, Apfelbaum) tragen beide Geschlechter vereint in einer Blüte. Die Gefahr der Sebstbestäubung wird vermindert, indem die Geschlechter mit zeitlicher Verschiebung reifen.

Regeneration

Beim Osterspaziergang am Bach entlang sind wir immer wieder überrascht von der Fähigkeit vieler dort lebender Bäume, aus abgebrochenen Zweigen und Stümpfen neu zu treiben. Pflanzen, besonders aber die langlebigen Holzpflanzen, haben eine starke Regenerationsfähigkeit. Die embryonalen Zellen der Vegetationskegel tiefliegender Knospen können bei vielen, besonders den gern auch strauchig wachsenden Arten, rasch aktiv werden, vor allem, wenn die Hemmung durch die Gipfeltriebe wegfällt.

Daß diese Zweigknospen nicht nur neue Zweige, sondern auch Wurzeln treiben können müssen, ist einleuchtend, aber nicht selbstverständlich. Der Mensch nützt diese Fähigkeit und setzt statt unsicherer, aufwendiger Zucht aus Samen gern stabile Zweige als Schößlinge zur Vermehrung ein. Noch einfacher wird die Nachzucht, wenn im Auwald aus den Stümpfen (= Stöcken) der gefällten Bäume junge Triebe als Stockausschläge den Bestand erneuern.

Verletzungen der Rinde werden in ähnlicher Weise geheilt. Das Kambium schiebt seitlich Rinde über sie und bildet Narbenwülste aus. Ein Draht oder Ast, die in die Rinde einschneiden oder sie aufscheuern, werden von Rindenbildungen überwuchert und wachsen ein. Wenn er empfindliche, hochgezüchtete Edelhölzer wie Obstsorten und Rosen ziehen will, nutzt der Gärtner diese Fähigkeit. Er nimmt eine einfache, widerstandsfähige Pflanze, schneidet sie stark herunter und setzt auf diese „Unterlage" ein Reis der Edelsorte (pfropfen) oder eine Knospe (okulieren) so ein, daß sich die Kambien von Reis bzw. Auge und Unterlage weitgehend decken. So kann man nicht nur mehrere Sorten von Äpfeln, sondern sogar Äpfel und Birnen auf einem Baume wachsen lassen. Reiche Wurzelbildung und Widerstandsfähigkeit der Unterlage stärken auch ein aufgesetztes schwaches Reis im Kampf gegen Klima, Fäulnis und Schadinsekten.

Steckbriefe

Nadelbäume

Abb. 51: Frisch gekeimte Fichtensamen mit vielen Keimnadeln und Samenschale.

Vor etwa 350 Mill. Jahren eroberten Nadelhölzer als erste Samenpflanzen Landstriche, in denen die Feuchtigkeit für die lange, wassergebundene Entwicklungszeit der älteren Algen, Moose und Farne aus winzigen Sporen nicht ausreichte. Die bereits hochentwickelten Embryonenwurzeln von Samen dringen in wenigen Regentagen so weit ins Erdreich, daß ein paar trockene Tage dem Pflänzchen nicht mehr ans Leben gehen. Bei Nadelhölzern bilden sich diese Samen unbedeckt auf flachen Fruchtblättern, deren Ränder nicht zu Fruchtknoten verwachsen sind, wie wir das von den anderen Samenpflanzen her kennen. Man nennt die Gruppe daher Nacktsamer.

Einfach gebaute, dominierende Stämme prägen das Charakterbild dieser Holzpflanzen mit meist baumartigem Wuchs. Harz konserviert ihr Holz und erschwert Insekten und Pilzen das Eindringen. Viele erreichen ein hohes Alter. Zu zapfenartigen Ständen sind ihre windbestäubten Blüten vereinigt, getrennt in Männlein und Weiblein. Die männlichen werden nach dem Ausstäuben abgeworfen, die weiblichen reifen meist zu holzigen Zapfen.

Vor etwa 120 Mill. Jahren entstanden Blüten mit geschlossenen Fruchtknoten. Diese bedecktsamigen Pflanzen eroberten weitere Lebensräume durch ihre nicht mehr windabhängige Bestäubungsgemeinschaft mit Insekten. Sie verdrängten durch die raschere Entwicklung ihrer Jungpflanzen die Nacktsamer in extreme Zonen der gemäßigten und subpolaren Regionen der Nordhalbkugel. Die meisten Arten starben aus. Trotzdem gibt es noch etwa 500 Arten der Nacktsamer, vorwiegend an den gemäßigten Küstengebieten des Nordpazifik, deren natürliches Verbreitungsgebiet jedoch meist eng begrenzt ist. Fast alle diese Arten sind heute in europäischen Gärten und Parks zu finden, vermehrt durch zahlreiche Bastarde und Varietäten. Weymouths- und Schwarzkiefer, verschiedene Tannen- und Fichtenarten wurden bei uns im Wald gepflanzt, doch nur die fichtenähnlichen Douglasien, deren dreispitzige Deckschuppen dekorativ aus den Zapfen herausragen, haben sich in einigen Gegenden Süddeutschlands bewährt.

Große Verbreitung haben nur noch Arten, die ihre Blätter trockenen Frösten und Sommern angepaßt haben: Durch zentrale Faserbündel versteift, haben sie die Oberfläche extrem verkleinert und den verdunstungsmindernden Effekt verstärkt durch speziell gestaltete, tief eingesenkte Spaltöffnungen und eine dicke Cuticula. Zur Verbesserung der Photosyntheseleistung wurden die zuständigen Palisadenzellen zu idealen Lichtfängern entwickelt. Da die Nadeln oder Schuppen mit Ausnahme weniger Arten 5−11 Jahre am Zweig bleiben, kann 12 Monate im Jahr jedes Licht und jeder warme Tag genutzt werden. Zudem spart der Nadelbaum die für die jährliche Neubildung nötige produktive Leistung. So bilden z. B. nur wenige Nadelholzarten wie Fichte, Wald- und Zirbelkiefer, sibirische Lärche und Tanne, unterstützt von frostharten Birken, Weiden und Zitterpappeln, den borealen Nadelwaldgürtel, der fast 40 % des gesamten Waldbestandes der Erde ausmacht.

Abb. 52: Nadelholz ist durchsetzt von Harzgängen. Es hat keine Holzfasern. Darum sieht das Holz so regelmäßig aus. Seine Gefäße haben noch Querwände und übernehmen die Aufgabe der Fasern mit. Man nennt sie „Fasertracheiden".

Fichte, Rottanne
(Picea abies = P. excelsa)

Die Fichte hat heute die wirtschaftliche Vorherrschaft in unseren Waldgebieten. In der Jugend unscheinbar und langsamwüchsig, beginnt sie mit 20 Jahren ein langanhaltendes starkes Höhenwachstum, das ihren Stamm in 100 Jahren 30—40 m in die Höhe treibt. Die große Ebenmäßigkeit des Baumkegels macht sie beliebt in Garten und Weihnachtszimmer. Gezogen wird sie aus den geflügelten Samen. Ihre Nadeln sind spitz und vierkantig. Sie stehen spiralig um den Zweig auf kurzen, verholzten Nadelkissen, die nach dem Nadelfall die Rinde rauh und dichte Jungfichtenbestände undurchdringlich machen. Rot ist die Fichtenrinde, rot sind die stehenden weiblichen, rot überlaufen stäubende männliche Blütenzapfen und die hängenden Fruchtzapfen. Fichten und Tannen blühen einhäusig und nur alle 3—4 Jahre. Die folgende Samenernte kann bis 200 kg/ha betragen! Häufigere Notblüten sind Zeichen für schwere Krankheit.

Fichtenwald braucht einen guten Schutz. Sträucher oder eigenes Astwerk bis zum Boden verhindern Sonnenbrand und brechen Sturmböen, die sich in einem weit bis dicht gestuften Waldrand totlaufen. Ist erst eine Lücke gerissen, kann in wenigen Minuten ein Hochwald vernichtet sein. Die Wurzelteller der Gestürzten zeigen keine Pfahlwurzel zur Verankerung.

Der Name Tanne stammt von einem uralten Wort, das Rinde oder Lohe zum Gerben meint. Fichte ist gleichlautend mit Pech, was auch Harz beinhaltet. Beide Namen deuten auf Nutzungen hin, die bis zur Mitte unseres Jahrhunderts von großer Bedeutung waren. Heute übernehmen Kunstprodukte weitgehend die Aufgaben des Gerbens, Abdichtens, Lösemittels. Dennoch wird die Fichte reichlich genutzt: Ihr leichtes, helles Holz liefert Bau- und Schalholz, wird zu Möbeln, Instrumenten, Zaun- und Stangenholz, Zellulose, Zellstoff und Papier verarbeitet. Gehäxelte Rinde gibt einen guten Mulch, die Nadeln liefern Badeextrakte.

Abb. 53: Die blühende Fichte trägt Massen gelber, männlicher Blütenzapfen. Die weiblichen Blütenzapfen, weniger zahlreich, größer und rot, stehen an den Zweigspitzen. Nach der Bestäubung drehen sich die Zapfen nach unten. Reif sind sie im 3. Jahr.

Abb. 54: Diese Fichtengruppe findet auf einer Steininsel im Acker ihr Auskommen.

Tanne, Weißtanne
(Abies alba = A. pectinata)

Schon ihre Namen zeigen die Ähnlichkeit mit der Fichte, und sie war sicher auch der erste „Tannenbaum". Häufige Verwechslung ist verzeihlich. Es gibt nämlich nur ein zuverlässiges Merkmal, das alle Tannen von allen Fichten unterscheidet: Die nicht holzigen Nadelkissen der Tannen fallen mit der Nadel ab, so daß glatte Zweige bleiben, die an Buchenzweige erinnern. Auch die Stämme sind glatt und grau berindet und im Buchenhochwald nur durch ihr Ebenmaß auffällig. Die Nadeln, flach, weicher, an der Spitze gekerbt und unterseits zweistreifig weiß gewachst, sind wie bei Fichten angeordnet, drehen sich aber zu scheinbar zweizeiliger Blattstellung. Reife Tannenzapfen kann man nicht finden: Die Zapfenschuppen lösen sich mit den Samen. Die aufrechten Spindeln fallen später.

Bis zu 500 Jahre sagt man Tanne und Fichte nach. Bei maximal 60 m Höhe können beide fast 2 m dick werden. Bis 1200 m steigt die Tanne bei uns in geschützten Lagen. Darüber sind Bergahorn, Lärche und Fichte unter sich, bis nur noch Wetterfichten aus Fels und Latschengürtel ragen.

Die Tanne liebt wärmere Standorte, ist eher ein Schattenbaum, der jahrelang ohne merkliches Wachstum im Dunkel des Hochwaldes harrt, bis die Lücke eines gefallenen Nachbarn Licht für den raschen Schuß zur Wipfelzone zuläßt. Nach 100 Jahren wachsen die oberen Seitenzweige stärker als der Gipfeltrieb. Dann ist sie leicht am „Storchennest" herauszufinden. Sie bildet eigene Wälder in den Vogesen, dem Franken- und Schwarzwald, lebt kaum als Solitärbaum, und ist vielen Wäldern unseres Raumes beigemischt, weil sie dort Lücken schließt und so die Nachbarstämme astfrei hält.

Genutzt wird Tanne ähnlich der Fichte. Ihr Holz wird allerdings später grau, ist daher ungeeignet für den Innenausbau. Das feine Harz aus blasigen Ansammlungen in Rinden junger Stämme ist bekannt als Straßburger Terpentin.

Abb. 55: Die Zapfen dieser dunklen Tanne stehen weiß an der Spitze der Krone. Junge Zweige wachsen bei älteren Bäumen langsam, so daß der Eindruck eines Vogelnestes im Wipfel entsteht.

Als Krankheitszeichen gibt es das auch bei Fichten und heißt dort Storchennestsyndrom.

Kiefern *(Pinus)*

Kiefern sind besondere Überlebens-künstler. Genügsam wie kaum eine andere Pflanze, leben sie entweder auf kargen Böden oder an exponierten Standorten der Gebirge. Pfahlwurzeln dringen in wasserführende Tiefen, ein, wenn nötig, reich verzweigtes Netz zahlreicher feiner Wurzelfasern saugt rare Mineralstoffe und Spuren von Feuchtigkeit aus locke-ren Sanden. Härteste Fröste und gluthei-ße Sommerwochen überstehen sie glei-chermaßen. Ihre Kronen sind locker. Sie lassen viel Licht an die langen Nadeln, die stets zu mehreren auf Kurztrieben, wie Flaschenbürstenhaare angeordnet, den Zweig ummanteln. Ein Astquirl wird jähr-lich gebildet, dazwischen gibt es keine Verzweigungen. Dicke Schuppenborken isolieren den Stamm, der stets kräftig ge-masertes dunkelkerniges Holz bildet, be-liebt für Naturmöbel und Innenausbau. Reichliche Harzströme, in ausgedehnten Strand- und Schwarzkieferbeständen noch heute oft kommerziell gezapft, schützen vor Insektenfraß und Fäulnis, sichern gutes Grubenholz, sorgen aber auch für explosionsartig sich ausbreiten-de Flächenbrände.

Drei Arten sind bei uns heimisch:

Die **Waldkiefer** *(Pinus sylvestris),* auch Föhre oder Forche genannt, bedeckte 1948 46% der Waldfläche Gesamt-deutschlands. Leicht kenntlich ist sie an der papierdünnen glänzenden, glatten, kupferroten Spiegelrinde von Ast und Stammgipfel, die sich später zur typi-schen Lichtholzborke wandelt. Jährlich kann sie blühen und 100jährig in guten Jahren 1000 Zapfen tragen, die allerdings zum Reifen länger brauchen als die von Tanne und Fichte. Bis 40 m hohe, astfreie Stammsäulen bildet sie im Hochwald, bizarr gekrümmte, astreiche Individuen freistehend auf Fels und Ödland.

Bergkiefern *(Pinus mugo = P. montana)* bilden an der Waldgrenze der nördlichen Kalkalpen undurchdringliche Krumm-holz- oder Latschengürtel. Im kargen kie-sigen Talgrund der meandrierenden Flußoberläufe und auf Hochmooren

Abb. 56: Extrem verzweigter Stamm einer freistehenden Waldkiefer.

Abb. 57: Japanisch anmutende Latsche vor der Wand der Alpspitze.

Abb. 58: Aus typischen niederliegenden
Latschen erhebt sich ein Wäldchen
aus aufrecht gewachsenen Latschen.

Abb. 59: Harztropfen flossen aus Wunden
einer zur Harzgewinnung verletzten Kiefer.
Das nun feste Harz ist vom Licht vergilbt.
„Darinas Tränen" nannten die Griechen
die Tropfen, die die in einen Baum
verwandelte Darina weint.

wächst sie oft zu bis zu 10 m hohen Bäumen und heißt dann Spirke. Ihre Borke ist bis zu den Zweigspitzen grau, die Krone kegelig, leicht schief und lackig glänzend ihre Zapfen, reif und unreif. Ihr Holz genügt nur zum Brennen. Doch wirbt das Alpenland Touristen mit Latschenkiefernöl (Oleum Pini-pumilionis). Die lange Haltbarkeit der dichtbenadelten Zweige bringt sie zu Hauf in Blumengestecke und auf die Friedhöfe. Erst Schutzvorschriften dämmten irreparable Schäden am ausgezeichneten Lawinenschutz durch die niederliegend und sehr langsam wachsenden Latschenstämme.

Latsche und Föhre, beide zweinadelig, haben zahlreiche Unterarten und Rassen ausgebildet, die nur in reinen Beständen in ihrem Hauptverbreitungsgebiet eindeutig bestimmbar sind. In Mischbeständen, wie sie im vielgestaltigen Alpenraum nicht selten sind, kann man selbst Föhre und Spirke oft erst bei alten Bäumen auseinander halten.

Zirbelkiefern *(Pinus cembra)*, auch Zirbe oder Arve genannt, sind nicht so leicht zu finden. Sie leben an den Waldgrenzen der Hochgebirge von den östlichen Alpen bis weit ins Asiatische auf sauren, kalkfreien steinigen Böden in niederschlagsreichen Lagen, dort also, wo auf Kalk die Latschen stehen. Bis 12 cm lange dunkelgrüne Nadeln, in Büschen zu je 5 am Zweig gedrängt, die oft kandelaberartige Verzweigung der Stämme und ihre zylindrische Gesamtgestalt heben sie deutlich von Schwesterarten ab. In 600 Jahren kann der Stamm bei Höhen bis 20 m gut 1 m dick werden. Sein gleichmäßig gemasertes, rötliches Holz ist Rohstoff für herrliche Schnitzarbeiten und Möbel in den Bauernstuben der Täler unter den Zirbenwäldern. Ungeöffnet fallen die violett bis bläulichen birnengroßen Zapfen, reifen am Boden aus und entlassen haselnußähnliche ovale Samen mit hohem Fettgehalt, leckere Zirbelnüsse, flugunfähig, da ihre Flügel in den harzreichen Zapfen festkleben. Mangel an Jungwuchs, durch Überweidung vernichtet, führte in den Alpen zur Auslichtung der einst stattlichen Bestände.

Abb. 60: Zirbelkiefern zwischen Rosengarten und Seiseralm.

Lärche *(Larix decidua = L. europaea)*

Lärchen sind, abweichend vom Nadelbaumschema, sommergrün. In leuchtendem Gelb stehen sie wie Feuersäulen im herbstlichen Gebirgswald, wenn sie nicht in geschlossenen Wäldern wachsen. Im Frühjahr sprießen ganze Büschel kurzer, glänzend grüner, weicher Nadeln aus den Kurztrieben der Zweige, alle 3−5 Jahre fast gleichzeitig mit beiden Sorten von Blütenzapfen. Eiförmig abgestumpfte mattbraune Zapfen bleiben mehrere Jahre noch nach der Reife am Baum. Überaus zarte, durchsichtige Kronen und starke Borken weisen Lärchen als Lichtholz aus. Ihr dunkelkerniger, für Nadelbäume ungewöhnlich ungleichmäßig verzweigter Stamm liefert warmtoniges, festes, harzreiches und daher besonders dauerhaftes Holz, ein Grund für Zuchtversuche unterhalb ihrer natürlichen Tiefstmarke von 1000 m. Miniermotten, Pilze und andere Krankheiten zeigen jedoch häufig die Sinnlosigkeit solchen Bemühens. Das Destillat des Holzes ist als Venetianischer Terpentin für feine Malarbeiten ein begehrtes Lösungsmittel.

Eibe *(Taxus baccata)*

Sie ist wohl die urweltlichste Art, die sich bei uns erhalten hat. Obwohl sie im Gebirge auf steilschotterigen Hängen mit festem Grund in hunderten von Jahren zu Bäumen mit nadelbaumtypischen Stämmen heranwachsen kann, ist ihre Gestalt meist geprägt durch massenhafte Stockausschläge, die eng anliegend den oft herausfaulenden ersten Stamm ersetzen oder in weiterem Abstand zu niederen Wäldchen sich dehnen. Das macht auch Eibenhecken so dicht. Spärlich sind die Reste ihrer einst reichen Bestände: Das engringig zähe, harzfreie Holz wurde zu Armbrüsten mittelalterlicher Heere, und im Nutzwald läßt man ihr nicht die nötige Lebenszeit. Die zweihäusigen Eiben mit ihren weichen, dunklen, flachen und spitzen Nadeln sind hochgiftig für Mensch und Pferd, bis auf den roten, fleischigen Mantel, der den wieder giftigen Samen umhüllt.

Abb. 61: Lichtdurchflutete Lärchenzweige.

Abb. 62 (links oben): Blühende Lärche mit männlichen (gelb) und weiblichen Zapfen.

Abb. 63 (links unten): Eibenzweige mit grünen Früchten in rotfleischigem Becher.

Abb. 64 (unten): Hoch aufgeschossene Wacholder im Altmühltal. Der rechte Baum ist im starken Frost vertrocknet.

Abbildungen rechte Seite von oben:

Abb. 65: Weiblicher Zwergwacholder mit Blütenzapfen (kleine bräunliche Spindeln) und Beerenzapfen in verschiedenen Reifestadien.

Abb. 66: Herbstlaub des Ginkgo-Baumes. Im Gegenlicht sieht man sehr schön die gabelig gleichstark verzweigten Nerven.

Wacholder *(Juniperus)*

Von den drei heimischen Arten wächst nur der **Heidewacholder** *(Juniperus communis)* gelegentlich zu einem Baum. Lieber entwickelt er sich ähnlich den Eiben mit vielen aufrechten Stockausschlägen zu schwarzgrünen Säulen, den bekannten Wahrzeichen von Alb und Heide. Bei uns nur hochalpin, da im Polarkreis heimisch, von niederliegendem Wuchs, in allem etwas kompakter, oft nur als Unterart eingestuft, der **Zwergwacholder** *(J. sibirica = J. nana = J. communis ssp. alpina),* In 2—4zähligen Quirlen stehen bei beiden die kurzen, dreikantigen, spitzen Nadeln. An meist rein weiblichen Pflanzen entstehen aus millimetergroßen spindelförmigen Blütenzapfen in 2 Jahren die als harntreibendes Mittel bekannten Wacholderbeeren, kleine geschlossene Beerenzapfen. Vorsicht, sie sollen das Sauerkraut würzen, doch nicht gegessen werden. Bei reichlichem Genuß kann ihr Harz zu Nierenversagen führen!

Der strauchige, hochgiftige **Stinkwacholder** oder **Sadebaum** *(J. sabina)* steht sehr selten an einigen alpinen Trockenhängen. Sein Laub ist in der Jugend kurznadelig, später schuppig und dicht anliegend. Hellblau bereift sind die schwarzblauen, ovalen, leicht abgeflachten, hängenden Beerenzapfen. Im Garten wird er oft gepflanzt und leicht verwechselt mit den zahlreichen Rassen und Spielarten des importierten **Virginischen Wacholder** *(J. virginiana),* sowie denen von Lebensbäumen und Zypressen.

Ginkgobaum *(Ginkgo biloba)*

Er soll beispielhaft für die zahlreichen eingeführten Nacktsamer hier stehen. Urtümlich gabelig verzweigt, wie sonst nur bei einfachen Farnen, sind die Nerven seiner sommergrünen, laubigen Blätter. Als Kulturbaum überlebte die Art in China und in japanischen Tempelgärten, ein lebendes Fossil, das in der Jurazeit weltweit und artenreich vertreten war. Ginkgo-Extrakte verbessern die Hirndurchblutung.

Laubbäume

Abb. 67: Buchenzweig im Frühlingslicht

Laubbäume haben, im Gegensatz zum Nadelbaum, nicht nur anders geformte Blätter, sondern, wie dort schon berichtet, leistungsfähigere Gefäße und eine stabilere Form der Samenverpackung. Letztere gab der moderneren Pflanzengruppe den Namen „Bedecktsamige Pflanzen". Entstehungsort waren Zonen mit tropischem Klima und großem Tierreichtum, so daß aus bisher mehr unansehnlichen Vermehrungsorganen spezialisierte Insektenlockorgane, die Blüten, wurden. In älteren Botanikbüchern heißen sie darum auch „Blütenpflanzen". Ihre Vorfahren waren Holzpflanzen. So wundert es niemand, daß die ursprünglichsten Blütenpflanzen heute noch Bäume sind. Magnolie und Tulpenbaum, Lorbeer und Kampferbaum sind bekannte Vertreter. Die nahe Verwandtschaft zum Nadelbaum-Zapfen zeigt die oft spiralige Anordnung der zahlreichen Blütenorgane. Klimaverschlechterungen im Laufe des Tärtiär zwangen in Subtropen und gemäßigten Breiten zu widerstandsfähigen Spezialisierungen. Viele Arten, die sommerliche Trockenheit und gelegentlichen Winterfrost ertragen wollten, machten ihre tropisch-immergrünen Blätter kleiner und härter, andere machten zur Jahresregel, was bei ihren Vorfahren nur ungewöhnliche Trockenzeiten erreichten: Sie warfen das gesamte Laub auf einmal ab. Eine Schutzmaßnahme, die ein Baum nur ein- bis zweimal in wenigen Jahren überstand, wurde zur Gewohnheit, der Baum sommergrün. Daß die alte Art, immergrün zu leben, nicht vergessen wurde, beweisen Apfelbäume, die in milden Klimazonen Argentiniens ihr Laub im Winter nicht mehr verlieren.

Die Blütenpflanzen entwickelten sich in der langen Zeit ihres Bestehens natürlich vielfältig weiter. Hervorzuheben ist dabei eine Gruppe, die im Gegensatz zu den 2 Keimblättern aller anderen nur 1 Keimblatt bildet, wenn ihre Samen aufgehen, bekannt als „Einkeimblättrige Pflanzen". Lilien, Gräser, Orchideen gehören dazu, lauter holzfreie Pflanzen, die hier nichts zu suchen haben. Sie kennen kein Dickenwachstum, wie in der Einleitung beschrieben. Und doch gehören die Palmen zu ihnen, die man wahrhaftig Bäume nennen muß. Recht kräftig sind bereits die Jungpflanzen, die sehr langsam sich aus dem Samen wagen. Die ersten Jahre dehnen sie ihren Vegetationskegel in „primärem Dickenwachstum", ungeheure Mengen embryonaler Zellen zu breiten Scheiteln nebeneinander stellend. Am Boden schon entstehen gleichzeitig vollendete Wipfel aus wedelartigen, langlebigen Blättern, den eigentlichen Stammbildnern. Hartfaserige Reste abgebrochener Blätter, die Wedelbasen, stehen dicht an dicht und stützen Jahrhunderte lang die kaum 5 cm dicken kambiumfreien Stengel im Zentrum, die ebensolange funktionstüchtig bleiben, um Wasser zum Scheitel zu leiten. Die Europäische Zwergpalme, einziger und im Mittelmeerraum einst weit verbreiteter Vertreter der Palmen auf unserem Kontinent, wird kaum mehr als meterhoch. Sie hat es schon von Natur aus schwer, hier Fuß zu fassen. Ihre Triebspitzen geben als Palmherzen eine Delikatesse. Der knospenfreie Stamm kann nicht mehr treiben und stirbt. Die Art wird so gerade ausgerottet.

Abb. 68: Auch Palmen sind Bäume.
Doch ihre Stämme werden vorwiegend
aus den Blattbasen gebildet
und bilden keinen Holzkörper aus.
Palmblätter nennt man Wedel.
Palmen werden meist vom Wind bestäubt.
Die Früchte sind Steinfrüchte.
Das Bild zeigt eine Dattelpalme in Spanien.

Kätzchenblüher

Mangel an geeigneten Insekten war es wohl, der die Verwandten der Zaubernuß die Blütenpracht vergessen und wieder Wind zum Pollenträger werden ließ. Fast alle Bäume im Bestand dichter Laubwälder unserer Breiten tragen zumindest die männlichen Blüten in „Kätzchen". Witzig daran, daß Weiden, von deren Blütenstand der Name stammt, mit Nektar die Insekten locken. Weiden und Pappeln sind auch die einzigen nicht mit der Zaubernuß verwandten Kätzchenträger.

Abb. 69: Schwarzpappelkätzchen sind bis zur Blüte durch einen Haarpelz wettergeschützt.

Es sind dies Eßkastanie, Buche und Eichen, Birken und Erlen, Hasel und Hainbuche, Ulmen, Walnuß und Platanen. Brennesseln, Hanf und Hopfen zählen zu den wenigen Arten, die nicht als Bäume oder Sträucher wachsen. Locker in Gruppen oder dicht gedrängt stehen außer bei den zwittrig blühenden Ulmen die männlichen Blüten an beweglichen Kätzchenstielen, so daß der Wind die ungeheuren Pollenmassen leicht verweht. Im Herbst schon sind die Blüten fertig. Sie brauchen nur

Die Zaubernuß-Verwandten
(Hamamelididae)

noch Wasser für die letzte Reife, denn Wind kann sinnvoll nur Bestäubung sichern, solange Laub nicht die Durchlüftung hemmt und Pollenkörner jeden Zweig erreichen. Die Unterschiede zwischen den Ordnungen und Familien ergeben sich vorwiegend aus der Art, wie die weiblichen Blüten organisiert und geschützt sind und welche Fruchtform sich daraus entwickelt.

Abb. 70: Blühende Stieleiche, reich mit männlichen Kätzchen behangen. Die weiblichen Blüten sind grünlich und winzig und meist zwischen den Blättern versteckt.

57

Abb. 72 (oben): Ihren Stamm schützen freistehende Buchen durch bodentiefe Kronen.

Abb. 73 (unten): Zwischen Blättern und langen männlichen Kätzchen ragen aus stacheligem Blütenbecher die Narbenpinsel der Eßkastanien.

Abb. 71: Buchenzweig im Winter.

Buchengewächse *(Fagaceae)*

Rotbuche *(Fagus sylvatica)*

Sie ist der Baum Deutschlands, bestimmt sogar das Zeitalter, in dem wir leben, die Buchenzeit. Wenig hat sie an sich von der gewalttätigen Auffälligkeit knorriger Eichen, die die Germanen ebenso schätzten wie später militaristisches Stammtischheldentum und Pangermanismus — nichts gegen solche Eichen! Es fehlt der Buche auch das „Markige": Sie bildet kein Kernholz aus, keine markanten, rissigen Borken, alles an ihr ist sanft, die ganzrandigen, jung lang bewimperten Blätter, die glatt und mattgrau berindeten Stämme, die ganze ebenmäßige Gestalt eines freistehend gewachsenen, bis zum Boden beasteten Baumes. Und doch hat sie sich gegen alle anderen Arten bei uns durchgesetzt mit ihrem reichverzweigten Wurzelwerk, ihrer Fähigkeit, Schatten zu ertragen und ihrer lichtdichten, vielschichtigen Laubkrone im Hochwald, die kaum Unterwuchs zuläßt.

Ihre Fruchtbecher, eine Besonderheit der Buchen- und Haselgewächse, zeigen mit weichstacheliger, später verholzender Oberfläche die nahe Verwandtschaft zur Eßkastanie und Eiche. Zwei Bucheckern, jede eine vollständige Frucht, fallen nach der Reife heraus. In guten Fruchtjahren können pro Hektar Buchenwald 1000 kg in dicker Schicht den Boden decken, ein Segen zu Zeiten, in denen Bucheln und Eicheln noch Grundlage der Schweinemast waren und Öl aus ihnen gewonnen wurde — die Jahrgänge bis 45 werden sich erinnern. Buchenstämme wachsen gern sanft geschwungen und in sich gedreht, ihr Holz ist fest, arbeitet aber stark, ist als Brett- und Bauholz wenig geeignet, gibt aber hervorragendes Sperrholz, Brennholz, Stielholz. Rotbuchen gibt es nur im gemäßigten Europa. Nordamerika hat seine eigene Art (*F. grandifolia*), eine dritte (*F. orientalis*) ersetzt sie im südöstlichen Balkan und zieht einen Gürtel über Kleinasien bis Nordpersien. Die erste rotblättrige Blutbuche entdeckte man 1798 in einem Wald und zieht sie seitdem durch Schößlinge, weil Samen oft grünblättrige Pflanzen hervorbringen. Die schlitzblättrigen Buchen mit linealisch-schmalen Blättern sind ebenso spontan entstanden und zufällig entdeckt wie all die anderen bizarren Schlangen-, Korken-zieher-, Trauer-, Pyramidenformen, die heute in unseren Parks, Gärten und Friedhöfen stehen.

Eßkastanie *(Castanea sativa = C. vesca)*

Igelstachelspitz bewehrte Fruchtbecher, deutlich schon am noch grünen Blüten-stand, tragen je ein bis drei glänzend-glatte, im Gegensatz zur dreikantigen Buchecker abgerundete Früchte. Die Le-derschale platzt mit lautem Knall, wenn auf dem Rost das Wasser der Maroni kocht, und hebt die Stimmung rotwein-seliger Herbst- und Winterabende. Bei uns nicht heimisch, pflanzten sie die Rö-mer schon am Rhein, wo sie bei Heidel-berg noch schöne Wälder bildet. Extrem widerstandsfähig gegen Nässe, war ihr Holz beliebt für Faßdauben und Schiff-bau. Ein Rindenkrebs erzeugender Pilz droht alle Bestände zu vernichten.

Abb. 74: Männliche Troddelkätzchen einer blühenden Blutbuche. Die weiblichen Blütenstände stehen kurzstielig

zwischen den jungen Blättern.

Eichen *(Quercus)*

Von den 280, nach manchen Büchern gar 700 Arten der schon zur Kreidezeit lebenden Eichen sind nur drei sehr ähnliche, gern miteinander bastardierende Arten bei uns heimisch. Als eher wärmeliebende Baumarten mit meist lichter Belaubung und dicken Lichtholzborken, gern tiefwurzelnd und feuchtigkeitsliebend, bevorzugen sie niedere Lagen und lassen sich auf kargem Grund bei uns von Buchen leicht vertreiben.

Die **Stieleiche** *(Quercus robur = Q. pedunculata),* ist unsere Charakterart: Gern Solitärbaum, der Stamm meist kurz und rasch verzweigt, in der Krone weit ausladend, das Laub stark ungleichmäßig gelappt, die Früchte in gestielten holzigen Bechern, Kleinkinderpfeifchen beim Spaziergang im Herbst.

Sehr ähnlich die **Stein-** oder **Traubeneiche** *(Q. petraea = Q. sessiliflora),* doch mehr im Wald wachsend und höher im Stamm. Aus ihr sind die höher gelegenen Eichenwälder im Spessart und Zentralfrankreich gepflanzt. 1200 große Stämme brauchte man einst für eine Fregatte! Die Fruchtbecher sitzen, die Blätter sind gleichmäßiger.

Flaumeichen *(Q. pubescens)* tragen an jungen Zweigen und Blättern zarte Behaarung. Nur der Oberrheingraben sagt ihnen in Deutschland zu, doch nehmen sie am warmen Südhang auch strenge Winter gelassen hin.

Die spitzblättrigen Eichen moderner Wälder mit ihren leuchtend roten Herbstfarben sind Einwanderer aus Amerika, meist unter dem Namen **Schwarz-** oder **Roteichen** zusammengefaßt.

Langlebigkeit bis 2000 Jahre, mehrere Meter Stammdurchmesser, bis 45 m Höhe und sehr individuelle, ja eigenwillige Gesamtgestalten beeindruckten die Menschen zu allen Zeiten überall, wo Eichen zu Hause sind. In alten Kulturen den kraftvollen Gottheiten geweiht, verschönern sie heute mehr die Marienheiligtümer.

Abb. 75: Flaumeichenlaub in Mittenwald.

Abb. 76: Eiche im Feld bei Winterreute.

Abb. 77: In diesem alten „Hutewald"
im Reinhardswald-Gebiet
überdecken die Kronen der Eichen
weit den Waldboden, auf den zur Eichelmast
früher die Schweine getrieben wurden.

Haselgewächse *(Corylaceae)*

Hasel *(Corylus avellana),* **Hainbuche** *(Carpinus betulus)* und die noch wärmeliebenderen, bei uns nur gepflanzten **Hopfenbuchen** *(Ostyra)* gehören zur Familie. Ähnlich den Buchengewächsen tragen sie ihre weiblichen Blüten in wenigblütigen Ständen, jede von einem krautigen Blatt getragen, das bei der Hainbuche zur Reife mit abfällt, Flügel des Nüßchens.

Bei den Haseln selbst sind die mit der ersten Schneeschmelze bestäubungsreifen weiblichen Blüten in dicke Kospen verpackt, nur die roten Narben dem pollenbeladenen Wind entgegenstreckend. Die heimische Hasel treibt ständig neue Triebe vom Grunde nach, so daß kein Stamm sich bilden kann. Aus ihren Zweigen schnitzt man Wünschelruten. Auch soll sie vor dem Blitzschlag schützen. Importierte Baumhaseln nimmt man heute gern als Straßenbaum in Stadtanlagen, Korkenzieherhasel und rotblättrige Lamberts-Haseln aus Südosteuropa sind in Gärten beliebte Einzelsträucher.

Hainbuchen pflanzt man nicht nur als Hochwald. Sie sind nicht hoch genug, ihr Stamm „spannrückig", im Querschnitt durch Längswülste und Buckel unregelmäßig gebuchtet. Buchengrau, längs weißlich gestreift die glatte Rinde. Schilderhäuschengleich regelmäßig gefeldert durch Seitennerven die doppelt scharf gezahnten, herbstlich warmtongelben Blätter. Bodentiefe Kronen, durch reichen Stammausschlag und das im Winter nicht abgeworfene Laub ungewöhnlich winddichte Hecken, das sind ihre Vorzüge als Schutzbaum für Waldrand, Feldkultur und Gärten. Das weiße, äußerst harte Holz, bestes Werkholz für Zapfenlager, Schuhleisten, Hammer- und Axtstiele, gibt ihr häufig den Namen Weißbuche. Sie sind wie Rotbuchen Spezialisten der Humusproduktion durch ihre gerbstoffarmen Blätter, Pilzwurzelbildung, reichen Kronenschatten. Viele starke Herzwurzeln, direkt am Stammanlauf entsprungen, lockern und durchdringen trockensteinige Böden, sichern breiten Stand und schaffen Spuren für Bodenlebewesen.

Abb. 78: Freigespült sind im Stammanlauf die Herzwurzeln dieser Hainbuche.

Abb. 79 (oben): Blühende Hasel. Die männlichen Kätzchen sind dicht besetzt mit staubblattreichen Blüten. Aus dem knospenartig geschützten weiblichen Blütenstand ragen nur die roten Narbenschenkel zum Pollenfang.

Abb. 80 (links): Bei Hainbuchen sind die weiblichen Blütenstände zu schmalen, grünen, gefransten Kätzchen gestreckt.

Abb. 81 (unten): Zur Fruchtreife hängen die Fruchttrauben der Hainbuchen wie leuchtende Lampions im lichtgelben Laub.

Birkengewächse (Betulaceae)

Buchen, Eßkastanien und Eichen zeigen mit dem allen gemeinsamen Fruchtbecher ihre Familienzugehörigkeit. Birkengewächse dagegen tragen weibliche Blüten und Früchte gehäuft in Kätzchen, die bei den Birken zu weichschuppigen, bei Erlen zu holzigen Zapfen heranreifen und dort noch hängen, wenn längst die Nüßchen — bis 100 000 bei einer 30 m hohen Erle — ihren Keimungsort gefunden haben. Gewaltiger noch ist die Zahl der männlichen Blüten. Gemeinsam mit denen von Nadelbäumen überziehen die Pollenmassen windblütiger Laubbäume in blütenreichen Jahren alles mit einer feinen Schicht, als schwefelgelber Belag Pfützen und Teiche deckend.

Vier Birkenarten sind bei uns heimisch. Alle ertragen harte Fröste und karge Böden. **Niedrige Birke = Strauchbirke** (Betula humilis) und **Zwergbirke** (B. nana) wachsen selten und strauchig, bis 150 bzw. 50 cm hoch in Flach- und Hochmooren der Gebirge, Eiszeitrelikte, Charakterpflanzen der nördlichen Tundren.

Moorbirken (B. pubescens) lieben ständig nassen Grund, sprenkeln feuchte Eichen-, Kiefern-, Erlenwälder mit blendend weißen Stämmen, zartem, lichtem Grün, leuchtendem Gelb im Herbst. Kalk mögen sie nicht. Genügsam im Nahrungs- und Wärmebedarf, auf Insekten nicht angewiesen, waren sie die ersten Bäume, die nach der Eiszeit Deutschlands Steppen wieder Struktur gaben. Gelegentlich trifft man am gleichen Standort bräunlich bis rötlich berindete Birken, die Blätter weniger gerundet, mehr strauchig, knorrig-rissig oft im Stamm. Das ist die Unterart B. carpartica, **Karpatenbirke,** die es mehr in die nordöstlichen kälteren Zonen zieht.

Sehr ähnlich und mit beiden gern sich mischend, doch eher Wärme, freies Feld und Trockenheit vertragend, genügsam wie die Waldkiefer ist die häufigste Art, die **Hänge-, Weiß-, Warzen-** oder **Rauhbirke** (B. pendula = B. verrucosa). Sie wird sehr rasch zum Baum mit dominierendem Stamm, der seine am Ende weit

Abb. 82: Alles Weiß der Pflanzen und weißer Pflanzenprodukte ist keine Farbe, sondern farblos. Durch speziell geformte oder luftgefüllte Zellen wird das Licht weiß reflektiert — ein Fettfleck auf Papier hebt den Effekt dort auf.
Das Weiß der Birkenrinden aber ist echter weißer Farbstoff.

Abb. 83: Herbstliche Hängebirken zwischen Biberach und Bad Waldsee.

Abb. 84: Blühende Schwarzerlen im Federseegebiet an einem Märzabend.

Abb. 85: Zweige und Kätzchen
der Hängebirke wiegen sich im Gleichtakt
im Frühlingswind.

Abb. 86: Die weiblichen Blütenkätzchen
der Grünerle sind nadelbaumzapfenähnlich
wie bei allen Erlen. Sie reifen auch meist
zu holzigen Kleinzapfen, die ausgereift
noch lange hängen bleiben können.

überhängenden, jung warzig-rauhen Zweige zu eleganten Kronen türmt, gleich einem Glockenrock im wechselnden Wind als Einheit wiegend.

Der Name „Birke" kommt vom Weiß der Rinde (indogermanisch ist glänzend und weiß = *bhereo*). Sie ganz allein im Reiche der Botanik dankt ihr Weiß nicht luftgefüllten Zellen, sondern echtem weißem Farbstoff. Jährlich in dünnen Streifen abrollend, so stabil, daß versteinerte Birken sie unversehrt noch tragen, wurde und wird die Rinde als Papier, für Rindenkanus, Gamaschen, Umhänge, Dachdichtungen und zum Ledergerben von Lappen und Indianern genutzt. Birkenblätter erhöhen als Tee die Harnproduktion durch gut verträgliche Flavonoide.

Selten geworden sind mäandrierende Bäche, durch Talwiesen sich schlängelnd, mit ihren Ufern bald rechts, bald links den Hangwald streifend, im trockenen Sommer überwölbt vom lichten Schatten lockerer Erlenkronen, Verdunstung hemmend und vom Bache trinkend. **Schwarz-** oder **Roterlen** *(Alnus glutinosa = A. rotundifolia)* sind auch heute noch regelmäßig Bestandteil von Uferbepflanzungen, doch gegen früher stark zurückgedrängt. Dunkelgrüne Blätter, stumpfspitzig — rund, oft klebrig, geben die lateinischen, mattschwarze Zweigrinde, rot überlaufene männliche und rote weibliche Kätzchen oder das tieforangerote, außerordentlich wasserfeste Holz die deutschen Namen.

Grau- oder **Weißerlen** *(A. incana = A. lanuginosa),* hellrindig, hellholzig und weichhaarig-spitzblättrig, vertragen trockene Zeiten besser und steigen mehr in die Höhen. Auf kalkarmen Böden der Alpen ersetzen **Grünerlen** *(A. viridis)* mit scharf gesägten, lebhaft grünen Blättern an der Baumgrenze in felsig feuchten Schluchten als niederliegend gebogener Strauch die Latschen der Kalkalpen.

Erlen können wie Leguminosen stickstoffbindende Knöllchenbakterien aufnehmen und arme Böden verbessern.

Platanengewächse *(Platanaceae)*

Auch sie sind nicht heimisch, doch jeder kennt den marmorierten Stamm, von dem in Platten sich die Rinde schuppt, und auch die mehrfach eingekerbten Blätter, die man mit Spitzahorn so leicht verwechselt. Aufstrebend reich verzweigte Kronen schaffen lichten Schatten. Am Ende sanft überhängender Zweige baumeln im Winter noch die Fruchtstandskugeln, die männlichen sind längst herabgefallen. Die Art, die man meist in Europa antrifft, ist eine Kreuzung, die **Ahornblättrige Platane** *(Platanus x hybrida = P. acerifolia)*. Schnellwüchsig, widerstandsfähig auch gegen Smog, mit starkem Austriebsvermögen empfiehlt sie sich für Stadt-, Allee- und Parkbepflanzung. Eltern sind die **Abendländische** *(P. occidentalis),* die nur im amerikanischen Osten gedeiht, und die **Morgenländische Platane** *(P. orientalis)* aus dem Orient.

Walnußgewächse *(Juglandaceae)*

Die **Walnuß,** früher **Welschnuß,** *(Juglans regia)* brachten Römer mit. Die Zahl ihrer gepflanzten Familienmitglieder ist heute um **Schwarznuß** *(J. nigra),* **Hickory-** *(Carya)* und **Flügelnüsse** *(Pterocarya)* erweitert. Männliche Blütenkätzchen, wie sich's gehört. Die weiblichen Blüten, kronblattlos als Windbestäuber, zu wenigen an den Spitzen der Frühjahrstriebe, zeigen schon durch dicke, von zwei übergroßen Narbenschenkeln gekrönte Fruchtknoten, wozu sie werden wollen: die „Nuß", die eine Steinfrucht ist mit ihrer fleischig-grünen Hülle. Als letzter Baum belaubt, als erster winterlich, hält sie mit weiter Krone durch dichten Schatten ihrer großen, mehrfach gefiederten Blätter ihren Lebensraum frei. Man weiß nicht wie, doch duldet sie keinen anderen Baum nah neben sich, auch nicht die eigene Art; die Konkurrenz stirbt ab. So steht sie stets als Solitär oder parkähnlich locker, die meisten in der Rheinpfalz. Bräunender Gerbstoffreichtum schützt uns im „Nußöl", das schönste Holz hat sie für edle Möbel, früher der Härte wegen mehr für Ladestöcke kriegswichtig. Der leckere Nußkern ist ja wohlbekannt.

Abb. 87: Morgenländische Platanen und ihre Bastarde mit den Abendländischen bilden herrliche lichte Kronen mit 20—30 m Weite. Man kennt sie an der scheckigen Rinde.

Abb. 88: Walnußlaub ist jung bordeauxrot. Die dicken, weiblichen Stempel mit ihren breiten, bürstenartigen Narbenschenkeln stehen an der Spitze des jungen Triebes, die männlichen Kätzchen am alten Holz.

Abb. 89: Prächtiger Walnußbaum bei Rottenburg mit zarter Herbstfärbung.

Ulmengewächse *(Ulmaceae)*

Da man **Zelkoven** *(Zelkowa)* und **Zürgel-bäume** *(Celtis)* nur in Parks und Gärten findet, sind einzig **Ulmen** hier von Interesse. Es gibt sie überall auf der Nordhalbkugel. Schon zur Römerzeit nahm man die geraden Hauptzweige als Stecken für den Weinstock. In lichte Laubmischwälder gliedern sie sich einzeln ein, wie Linde, Vogelbeeren und Ahorn. Jede offene Landschaft hat ihre Charakterart. So ist die **Feldulme** *(Ulmus minor = U. campestris = U. glabra = U. carpinifolia)* bei uns die Tieflandart, Bestandteil von Gebüsch und Knicks, klein im Wuchs, das Blatt jung klebrig von Drüsenhaaren und insgesamt hainbuchenähnlich, doch durch den asymmetrisch zur Zweigspitze hin vergrößerten Spreitengrund deutlich als Ulme ausgewiesen.

Im Bergland ist die **Bergulme** *(U. glabra = U. montana = U. scabra)* häufiger und steht oft als Solitär im Feld, ein Schatten-spender für das Weidevieh, mit herrlich gelbem Laub im Herbst geschmückt, den Linden ähnlich die Gestalt, doch leicht am schmalerspreitigen, spitzeren, mehr-fach gesägten Blatt zu kennen. Steinlinde heißt sie daher auch im Volksmund.

Die letzte Art, die **Flatterulme** *(U. laevis = U. effusa = U. pedunculata),* trägt die un-scheinbaren zwittrigen Blüten nicht im dichten Knäuel, wie das die anderen tun, sondern an unterschiedlich langen Stie-len, an denen später auch die Nüßchen flattern. Im März schon blühend, hilft den Ulmen ihre Fruchthaut grün assimilieren, da die Früchte, wenn Blätter kommen, meist schon reif sind. Als trocken-braunes Flugorgan bringt diese Haut die Früchte rasch zu Plätzen, wo sie dann Ende Mai schon keimen können. Im nächsten Früh-ling keimt kein Ulmensamen mehr. Die Flatterulme liebt mehr feuchten Grund und ist im Hartholz-Auenwald zu Haus, bei uns nur in den großen Urstromtälern.

Das Ulmenholz, mehr als Rüster be-kannt, wird gern für Möbel, Türen, Werk-zeug eingesetzt. Die meisten seit etwa 1900 gepflanzten Ulmen sind Bastarde.

Abb. 90: Ulmenblüten sind zwittrig und stehen nicht in Kätzchenständen, sondern in kugeligen Büscheln.

Abb. 91: Vor dem Laub ergrünen Ulmen mit dichten Büschelkugeln aus Früchten, deren Flughäute vor der Reife die Aufgabe der noch fehlenden Blätter übernehmen und Frucht und Samen bis zur Reife im Mai mit Nahrung versorgen.

Weiden und Pappeln (Weidengewächse = *Salicaceae)*

Es ist schwer einzusehen, daß Weiden, mehr noch windbestäubte Pappeln, trotz ihrer Zweihäusigkeit nicht mit den anderen Kätzchenblühern verwandt sind. Erst wenn man mit der Lupe ihre Frucht betrachtet, merkt man am vielsamigen Fruchtknoten und den langen Samenhaaren den grundsätzlichen Unterschied zu den höchstens zweisamigen Hamamelisverwandten mit ihren Stein- oder Nußfrüchten. Außer diesen beiden gehört noch eine dritte Gattung, *Chosenia,* zur Familie,

Abb. 92. Der Nektar blühender Weiden ist erste Bienennahrung im Frühjahr. Kätzchentragende Weidenzweige

74

die man jedoch nur in Korea, ihrer Heimat, kennt. Auch näher verwandte Familien gibt es nicht. Alle Weidengewächse vertragen dauernassen Grund, wurzeln sogar ins offene Wasser hinein und sind Bestand von Ufer und Auwald, Pionierpflanzen in allen Lagen.

sind deshalb unter Naturschutz gestellt.

Rechte Seite:

Abb. 94 (oben): Weiden im Talgrund

Abb. 95 (unten links): Als Spalier
überzieht die Quendelblättrige Weide
im Hochgebirge ruhendes Geröll.

Abb. 96 (unten rechts): Innen hohl
sind diese alten Kopfweiden.

Weiden *(Salix)*

Wer hat nicht schon im Februar den Frühling nah gehofft, weil sich silbern glänzend aus brauner Schuppe die ersten Kätzchen einer Weide schoben. Wenn später dann, als erste Nektarpflanzen durch Gesetz geschützt, die einen voller gelben Blütenstaub, die anderen mit grünen Stempelkätzchen, umsummt von Bienen, Fliegen und umschwebt von ersten Schmetterlingen, zeigen, daß wirklich die Blütenpracht nun endlich „aus allen Ecken sprießen" wird. Und doch sind kaum Botaniker bekannt, die unsere etwa 40 Arten sicher kennen, geschweige denn die Vielzahl von Bastarden, Rassen und Formen, in denen Weiden in Garten und Parks sich zeigen. Recht deutlich wird das an den Trauerweiden, die, auf den ersten Blick sich alle gleichend, durch Rindenfarbe, Zähnelung, Farbe und Behaarung der Blätter, Länge der Kätzchen und andere Kleinigkeiten zeigen, daß ihre Eltern weit gestreut sein können.

Breit ist die Palette der Anpassungen, zu denen die Weiden in Europa fähig waren: Von arktisch-alpinen Zwergspalieren, die, teppichgleich oft Felsen überziehend, gut 60 Jahre auf dem Buckel haben, über die große Masse kleiner bis mächtiger Sträucher bis hin zu weit ausladenden oder hochragenden Bäumen siedeln sie überall, wo in ausreichender Tiefe noch genügend Wasser steht. Die Wurzeln können scheinbar Wasser „riechen", sie wachsen immer in Richtung auf die höchste Feuchtigkeit.

Die Weiden haben wohl die stärkste Austriebskraft, treiben meist rasch lange Zweige mit hervorragender Elastizität und sind für Flechtarbeiten sehr beliebt. Auch Hainbuche und Birke werden so genutzt. Kopfbäume nennt man die beschnittenen Krüppel. Als Weichholzart verfault der Weidenstamm von innen, und bis zum Ende steht die Krone auf einem schmalen Rindenmantel.

Abb. 93: Treibende Weidenknospen.

Abb. 97: Schwarzpappeln begleiten die Riß bei Biberach, Hybride durchziehen als Nutzpflanzung die Flußebene.

Pappeln *(Populus)*

Von Norden und Osten kam die **Aspe, Espe** oder **Zitterpappel** *(Populus tremula)* als typischer Begleiter von Birke und Waldkiefer, aus den südöstlichen Flußtälern die **Silberpappel** *(P. alba)* zu uns. Erstere hat runde, sanft gezähnte Blätter an langem Stiel, der, hornig, im Schnitt schmal und hoch, die Spreite rasch zur Ausgangsstellung federn läßt, wenn sie vom Wind ein Stück verschoben wird. Das Blatt der zweiten, oben dunkelgrün, ist unterseits durch Haare silberweiß. Am frischen Trieb ist es gelappt bis buchtig, am älteren mehr rund wie das der Espe. So ist es schwer, den Bastard beider, die zunehmend bei uns gepflanzte **Graupappel** *(P. x caneseens)* klar von der Silberpappel abzutrennen.

Die dritte, die **Schwarzpappel** *(P. nigra)*, ist unsere häufigste Art. Nur selten ist sie noch in ihrer weitausladenden, für unsere Auenlandschaft typischen Gestalt zu finden. Die Pyramidenform *(ssp. pyramidalis)* ist seit Napoleon in ganz Europa weit vertreten, und wegen ihrer schmaleren Form baut man seit hundert Jahren nur noch Bastarde aus beiden oder mit amerikanischen Arten an. Wie bei Alleen schon bemerkt, ist ihr Ertrag in 50 Jahren sicher. Streichhölzer, Schachteln, Spanholz, Zellstoff sind Nutzungsarten. Die heilende Pappelsalbe aus ihren klebrigen Knospen ist heute durch Hamamelissalben ersetzt.

Von oben:

Abb. 98: Silberpappelzweig

Abb. 99: Espenlaub im Frühlingslicht.

Abb. 100: Wie diese Salweide schicken alle Weiden und Pappeln winzige Samen an langen Haaren in großen Mengen aus. Man sammelte sie früher und nutzte sie baumwollähnlich als Pappelwolle.

Blütenbäume

Zwittrige Blüten mit oft weithin sichtbaren Kronblättern kennzeichnen diese Bäume. Ihre Vielfalt ist am größten in den tropischen Wäldern, wo ja die Blütenpflanzen entstanden. Parks und Gärten wintermilder gemäßigter Zonen z. B. im Tessin und Südengland, in denen schon seit Jahrhunderten auffällige Bäume zusammengetragen werden, zeigen inzwischen einen Artenreichtum, den selbst Spezialisten kaum noch überblicken.

Abb. 101: Bei diesen Sternmagnolienblüten sind die Blütenorgane noch schraubig wie die Schuppen der Nadelbaumzapfen an der Blütenachse angeordnet.
Die zahlreichen geschlossenen Fruchtblätter sind noch nicht zum gemeinsamen Stempel verwachsen. Dieses Merkmal und die große Zahl der Frucht- und Staubblätter kennzeichnen altertümliche Blütenpflanzen.

In den nördlichen Zonen sind wildwachsende, auffällig blühende Holzpflanzen selten, ihre Vertreter meist Heckenpflanzen, Büsche oder in die buschigen Waldränder eingefügte, kleine Bäume, letztere vorwiegend weißblühende Rosengewächse. Die übrigen heimischen Blütenbäume haben, wie Ahorn und Linde, unscheinbare, grünlich-gelbliche Blütchen mit starkem Honigduft oder sind gar blütenblattlos, fast schon Kätzchenblüher, wie Eschen.

Mit etwa 3000 Arten bilden die **Rosengewächse** *(Rosaceae)* eine starke Familie, von Botanikern unterteilt nach der Fruchtform. Die Unterfamilien mit apfel- und pflaumenartigen Früchten enthalten unsere Obstbäume. Äußerliche Ähnlichkeit verschiedener Arten täuscht oft nahe Verwandtschaft vor: So unähnliche Pflanzen wie Felsenbirne und Vogelbeere lassen sich kreuzen. Apfel und Birne jedoch nicht einmal aufeinander pfropfen. Vieles ist da noch unklar.

Obstbäume und ihre Verwandten

Abb. 102: Eine blühende Obstwiese im Mai ist ein Fest für das Auge.
Hinten blüht eine Birne voll und weiß,
Zweige mit rötlichen Apfelknospen hängen links fast zum Boden,
vorn streckt ein zierlicher Pflaumenbaum seine schwarzrindigen, belaubten Zweige mit den zarten weißen Blütchen.
Alle unsere Obstbäume sind Rosengewächse.

Abb. 103: „Von Apfelblüten einen Kranz..." – die zarten Apfelblüten gelten in Fernost als Liebeszeichen.

Apfelfruchtige *(Maloideae)*

Ein Apfel ist mehr als eine Frucht im botanischen Sinne: Apfelkerne sind Samen, die Fruchtschalen das hornige Kernhaus. Die Frucht also werfen wir meist weg, essen nur den Blütenboden, der aufgebläht ist zu einer gewaltigen Masse unspezialisierter, zuckerhaltiger, mineralstoffreicher, saftiger Zellen, in der Wildform gerbstoffreich holzig-herb, gezüchtet seit Jahrtausend zu ungeheurer Vielfalt in Farbe, Größe, Geschmack und Aroma.

Die Wildform heißt **Holzapfel** *(Malus sylvestris = M. acerba = Pyrus malus)*. Auch eine Birne ist bei uns ursprünglich, die **Wildbirne** *(Pyrus pyraster = P. achras)*. Beide wachsen in Gebüschen und an Waldrändern, nicht gerade häufig, auf kalkigen Böden in warmen Lagen. Von verwilderten Zuchtformen unterscheidet sie die kleine Frucht und die häufig vorhandenen Dornen an jüngeren Ästen. **Quitte** *(Cydonia oblonga)* und **Mispel** *(Mespilus germanica)* sind relativ alte Kulturpflanzen, die heute kaum noch Bedeutung haben. Sie stammen aus Südost-Europa.

Die vier Gattungen tragen große Blüten, einzeln gestielt, meist aber gebüschelt an Kurztrieben, kleinen Seitenzweigen, die sich jährlich nur um Millimeter verlängern, ähnlich wie wir sie von den Lärchen kennen. Ihre Kraft geht in Blütenbildung und Frucht, während die voranschießenden blütenlosen Langtriebe die Krone vergrößern und die Kurztriebe tragen.

Kleinblütig, zu doldigen Rispen vereinigt, noch reichlicher oft, stehen die Blüten der anderen Apfelverwandten.

Weißdorne (Eingriffeliger W., *Crataegus monogyna,* und Zweigriffeliger W., *C. oxyacantha = C. laevigata)* sind bekannt als dornentragende Büsche, bilden undurchdringliche Hecken, können aber auch zu Bäumen wachsen, wie die in Städten oft auf Grünstreifen gepflanzten rotblühenden Mutanten beweisen, die man **Rotdorn** nennt. Kaum glaublich ist jedoch, daß Weißdorn 500 Jahre alt werden, dabei 12 m Höhe erreichen und einen Stammumfang von 4 m haben kann. Blüten, Blätter und Früchte der

Linke Seite, linke Spalte von oben:

Abb. 104: Birne mit roten Staubbeuteln.
Abb. 105: Birne (links) und Apfel im Schnitt.
Abb. 106: Zartrosa Quittenblüten.

Rechte Spalte von oben:

Abb. 107: Rotdorn mit gefüllten Blüten.
Abb. 108: Frost macht Mispelfrüchte eßbar.
Abb. 109: Zweigriffeliger Weißdorn.

Abb. 110: Der Beginn der Apfelblüte
ist meteorologisch der Frühlingsanfang.
Er erreicht Südportugal Anfang Februar
und läuft im Juni–Juli in Schweden aus.
Wer wollte nicht noch, wie Martin Luther,
solch herrliches Apfelbäumchen pflanzen,
selbst wenn morgen die Welt unterginge.

Weißdorne enthalten Wirkstoffe, die die Durchblutung des Herzmuskels verbessern und das schwache, aber organisch gesunde Herz stärken.

In Südlagen lichtdurchfluteter Kalkhänge wächst die **Felsenbirne** *(Amelanchier ovalis = A. vulgaris = A. rotundifolia).* Oft einstämmig, kann man sie trotz des buschigniederen Wuchses auch zu den Bäumen zählen. Die jungen Blätter filzig, später glatt, die Blüten groß, gehäuft am Ende kahler dünner Zweige, lang, bandartigschmal die geknitterten Blütenblätter, blauschwarz, bläulich bereift die kleinen Früchte. Die nordamerikanischen Verwandten erobern gerade unsere Gärten und Parks.

Abb. 111: Sehr dekorativ sind die durchscheinend-hell geaderten Blätter und die bereiften, von rot nach blau sich umfärbenden eßbaren Früchtchen der Felsenbirnen.

Abb. 112: Mehlbeerenblätter sind ungeteilt und unterseits dicht silbern behaart. Aus den zartgelben Blüten der Trugdolden werden lackrote, herbe, mehlige Früchte.

Vogelbeeren und ihre verwandten Arten *(Sorbus)* sind in der Blüten- und Fruchtform dem Weißdorn ähnlich. Ihre Blätter sind jedoch vielgestaltig. So hat die **Vogelbeere** oder **Eberesche** *(S. aucuparia)* gefiederte Blätter. Sie wächst zu einem mittelhohen Baum, ist anspruchslos als Straßenbaum, liebt Kalk und mischt sich bis ins Hochgebirge in Lichtungen im Wald und auch auf freien Flächen, wohin die Drosseln ihre unverdaulichen Samen trugen. *Aucuparius* bedeutet Vogelfang. Man nahm nämlich die Beeren als Vogelköder oder legte Leimruten und Netze an fruchtenden Bäumen aus. Nach anderen Quellen stellte man Vogelleim aus Ebereschenzweigen her. Der Mensch macht gern Marmelade aus den Früchten, die roh verzehrt durch Blausäure Bauchweh und Erbrechen hervorrufen können. Alte Rezepte wissen das und setzen die Beeren über Nacht mit etwas Essig an, der die Blausäure vertreibt. Der herbe Geschmack wurde bei Gartenformen herausgezüchtet, die Frucht vergrößert, der Blausäuregehalt vermindert, die Gestalt zur leichten Ernte buschig-niedrig. Recht ähnlich, sehr selten wild, auch in den Gärten kaum mehr zu finden, der **Speierling** *(S. domestica),* dessen birnenartige, trockene, pflaumengroße Früchte erst überreif weich und eßbar werden, nichts mehr für unseren Südfrucht- und „Granny Smith"-verwöhnten Gaumen. In Frankreich wird Sorbette, ein Schnaps, daraus gebrannt.

Mehliges Fruchtfleisch, unterseits weißfilzige, ungeteilte, unregelmäßig mehrfach gezähnte Blätter kennzeichnen die **Mehlbeere** *(S. aria)*. Sie lebt ähnlich der Vogelbeere, zieht aber felsige Kalkhänge vor, ist vorwiegend in Süddeutschland daheim und nicht gerade häufig. In lichten Laubwäldern der niederigen Lagen wird sie ersetzt durch die ebenfalls seltene **Elsbeere** *(S. torminalis)* mit unbehaarten, fast lederigen, zu großen spitzen Lappen eingeschnittenen Blätter. Die kleinen Früchte, in Geschmack und Verwertung ähnlich denen des Speierling, wurden früher gegen Bauchweh eingesetzt, daher der lateinische Name *(torminalis* bedeutet Bauchweh). In Skandinavien heimisch, in Norddeutschland gelegentlich wild, zunehmend häufig als Straßenbaum in Städten gepflanzt, ist die **Schwedische Mehlbeere** *(S. intermedia = S. suecica = S. scandica),* der Mehlbeere sehr ähnlich. Man kennt sie an den oberseits dunkelgrünen, mehrfach rundlich gelappten Blättern.

Die *Sorbus*-Arten bastardieren gern.

Abb. 113: Korallenrot sind Vogelbeeren. Sie hängen lange im goldenen Herbstlaub. Sommerreif sind sie meist süß und saftig, spätreife schmecken herb und sauer. Ihr Blausäuregehalt kann Bauchweh machen.

Abb. 114: In schönem Kontrast zueinander steht die blaugrün glänzende Oberseite der Schwedischen Mehlbeerblätter zum Silberfilz ihrer Unterseite.

Rechte Seite von oben:

Abb. 116: Die meisten Pflaumen sind
wie diese Schlehenfrüchte hell bereift
von einem Wachsüberzug als Fäulnisschutz.

Abb. 117: Frühreife Sauerkirschen
hängen an langen, rutenförmigen Zweigen.

Abb. 115: Die weißen Blütentrauben
der Traubenkirschen tragen im Herbst
kleine, schwarze, herb-bittere Früchte.

Steinfruchtige *(Prunoideae)*

Ihr Merkmal ist der Steinkern, dessen harte Schale zur Frucht gehört und den stets sehr blausäurereichen Samen enthält. Die äußeren Fruchtschichten liefern saftiges Fruchtfleisch, das Tiere zum Verzehr locken soll, die dann die unverdaulichen Samen, mit Dünger reich versorgt, an hoffentlich geeigneter Stelle zur Keimung ausscheiden. Nur wenige Arten sind heimisch, der Garten aber quillt von ihnen über: Mandel, Pfirsich, Kirsche, Pflaume, Aprikose, Schlehe, Lorbeerkirsche und Traubenkirsche gehören dazu, die man alle heute zur Gattung *Prunus* zusammenfaßt.

Die **Traubenkirsche** *(P. padus)* trägt die Blüten gleich dem Schmetterlingsbaum in langen Walzen zahlreich und schneeweiß. Die Blätter, wie bei allen *Prunus*-Arten ungeteilt, sind rundlich, weich, gezähnt und zugespitzt. Sie lebt in Au- und Laubmischwäldern, kann buschig und zu Bäumen wachsen. **Süßkirschen** *(P. avium = Cerasus avium)* blühen früh am Waldrand, die Blüten reich in dichten Doldenkugeln. Ihr Laub verfärbt sich herbstlich über gelb nach rot, so ist der Baum zweimal im Jahr geschmückt. Die anderen Wildkirschen, Steinweichsel oder **Felsenkirsche** *(P. mahaleb)* und **Zwergkirsche** *(P. fruticosa),* wachsen als kleine Sträucher an wenigen Standorten und selten.

Von der **Pflaumen-Gruppe,** charakterisiert durch einzeln stehende Blüten, ist nur der **Schwarz-** oder **Schlehdorn** *(P. spinosa)* heimisch, weißblühende Hecken bildend, Nistplatz für zahlreiche Vögel, mit herben, wenig lockenden Früchten, die erst nach dem ersten Frost die Reife haben, mit der sie sich zu Wein, Sekt und Likör bereiten lassen.

Das Holz der meisten Obstbaumarten ist hart, im Kern charakteristisch farbig und meist zart gemasert. Es wird zu edlen Möbeln, Schnitzwerk und Büchsen verarbeitet.

Blüten-Trauben, -Rispen, -Kerzen

Abb. 118: Der Rotblättrige Spitzahorn treibt leuchtendgelbe Blüten in halbkugeligen Trugdolden.

Allbekannt sind die herrlichen Blütentrauben von Goldregen und Robinie und die Blütenkerzen der Kastanien im Frühjahr. Alle drei sind nicht heimisch, gehören aber seit mehr als vierhundert Jahren zum Bestand und sind in klimatisch günstigen Gebieten wild im Freiland zu finden. Erstere gehören zu den Schmetterlingsblütlern, Kastanien sind nahe verwandt mit den Ahornen, deren Blütenrispen oder -Trauben aber vergleichsweise unscheinbar sind.

Abb. 119: Reichblütige Blütentrauben und gefiederte Blätter weisen die Robinien als Schmetterlingsblütler aus.

Abb. 120: Robinie bei Biberach/Riß
als Schutz für ein Gedenkkreuz.
Robinien sind außerordentlich
widerstandsfähig und werden zunehmend
auf Grünstreifen und in Innenhöfen
unserer Großstädte gepflanzt.

Schmetterlingsblütler *(Fabaceae)*

Die Familie ist außerordentlich artenreich und weltweit verbreitet. Mit den nahe verwandten Caesalpinia-Gewächsen (mit Sennespflanze, Tamariske und Judasbaum) und Mimosengewächsen (mit Mimosen und echten Akazien) bilden Schmetterlingsblütler die Gruppe der **Hülsenfrüchtler** *(Leguminosae)*. Man sieht das an den Bäumen oft fast das ganze Jahr, weil die reifen Hülsen meist nur die Samen ausstreuen, die Schalen aber hängen bleiben.

Der Stammbaum aller europäischen **Robinien** oder **Falschen Akazien** *(Robinia pseudoacacia)* wurde um 1600 vom Hofgärtner Heinrichs des IV., einem Jean Robin, aus Samen gezogen, die man aus Amerika mitgebracht hatte. Ihm zu Ehren bekam sie seinen Namen. Ähnlichkeit zu den Akazien ist nicht zu finden, nur die scharfen Dornen junger Zweige haben auch manche Akazien. Außerordentlich widerstandsfähig gegen Hitze, Trockenheit, Feuchtigkeit, Kälte, Fäulnis, Insektenfraß und Abgase hat sie sich in Europa durchgesetzt als Straßenbaum und Lieferant für Holz, das in seiner Haltbarkeit als Grubenholz das der Eichen weit übertrifft. Ein Rebstock, aus einer Robinienhecke geschnitten, hält 50 Jahre und länger.

Die stark giftigen **Goldregen** leben wild an den Südhängen der Alpen. Beide, Gemeiner Goldregen *(Laburnum anagyroides = L. vulgare = Cytisus laburnum)* mit matten und Alpengoldregen *(L. alpinum)* mit glänzenden Hülsen, sind in Gärten häufig und beliebt. Wie bei vielen anderen Büschen und Bäumen wird heute aber vorwiegend eine Kreuzung angeboten mit ungeheurer Blütenpracht und großer Winterhärte. Leider geht durch diese einseitige Bevorzugung im Laufe der Zeit wahrscheinlich auch bei dieser Gattung zugunsten besonderer züchterischer Raffinesse das Stammerbgut der Eltern verloren, weil man die Eltern nicht mehr pflanzt, wie das bei unseren älteren Obstarten schon heute zu beobachten ist.

Abb. 121: Solche spitz auslaufenden überlangen Blütentrauben bildet der Bastard des Alpengoldregens mit dem Gemeinen Goldregen. Er heißt *Laburnum wateri* und erobert zunehmend die Gärten. Alle Goldregen sind sehr giftig! Ausgeblühte Trauben sollte man überall dort, wo Kinder im Haus sind, entfernen.

Abb. 122: Blühender Bergahornzweig

Ahorngewächse *(Aceraceae)*

Ahorne stellen in mancherlei Hinsicht eine Besonderheit dar und sind einer der Lieblinge der Gehölzgärtner. Schon die Wildformen zeigen sich stark unterschiedlich. So gibt es bei Ahornen jede mögliche Form der Verteilung von männlichen und weiblichen Blütenteilen von zweihäusig bis zwittrig. Die Blätter sind stets wenigstens ein wenig gekerbt mit den zwei ahorntypischen Einschnitten. Nur der Hainbuchen-Ahorn hat lediglich gezähnte Blattränder. Fächerahorn hat sein Blatt fingerförmig in zahlreiche, schmale, wie Blätter vom Scharfen Hahnenfuß mehrfach zerschlitzte Fiederblätter zerteilt. Die Blattfarben gibt es von hellgrün bis dunkelpurpur. Einige Arten wie unser Spitzahorn blühen vor den Blättern, andere wie der Bergahorn erst, wenn das Laub voll entwickelt ist. Die Blütenstände reichen von breiten Trugdolden über lange, dichtblütige Trauben bis zu eschenartigen Rispen mit winzigen Blütchen. Nur die Frucht ist immer deutlich: Zwei paarig gestellte flache, hornschalige Nüßchen, von denen oft rot überlaufene Flügel waagerecht bis spitzwinklig sich überlappend ausgehen und die Zuordnung zur Gattung *Acer* eindeutig machen.

Ahorne sind meist genügsam und lieben lichten Wald und mäßige Wärme, Bereiche, in denen der Mensch mit Ackerbau begann. Die Nähe der Kultur brachte früh schon natürliche Mutanten in die Gärten. Züchtung weiterer „Sorten" führte zu großer Vielfalt: Vom Zucker-, Silber- und Roten Ahorn kennt man in Nordamerika je etwa 100 Sorten. Die insgesamt etwa 1200 bekannten Sorten stammen von nur 12 Wildarten! Unübertroffen sind in dieser Zucht japanische Gärtner. Manche Baumschulen in Deutschland haben in ihren Katalogen etwa 400—500 Sorten mit Namen und etwa 70 Wildformen und 100 Sorten am Lager.

4 Ahornarten kann man heimisch nennen. Als bis 6 m hoher Busch wächst selten im Rhein-Main-Gebiet an sonnigen Felshängen der **Französische Ahorn** *(Acer monspessulanum)* mit dreilappig-ganzran-

Abb. 123: Die Doppelflügelfrüchte sind das einzige sichere Ahornkennzeichen. Der Feldahorn streckt sie waagerecht aus. Nur wenige Exemplare der zunehmend gern an Böschungen gepflanzten Art fruchten rot.

Abb. 124: Bergahorn keimt oft massenhaft auch auf kärgstem Boden mit Nährstoffen aus den bandförmigen Keimblättern, bis seine Wurzel Wasser findet oder stirbt.

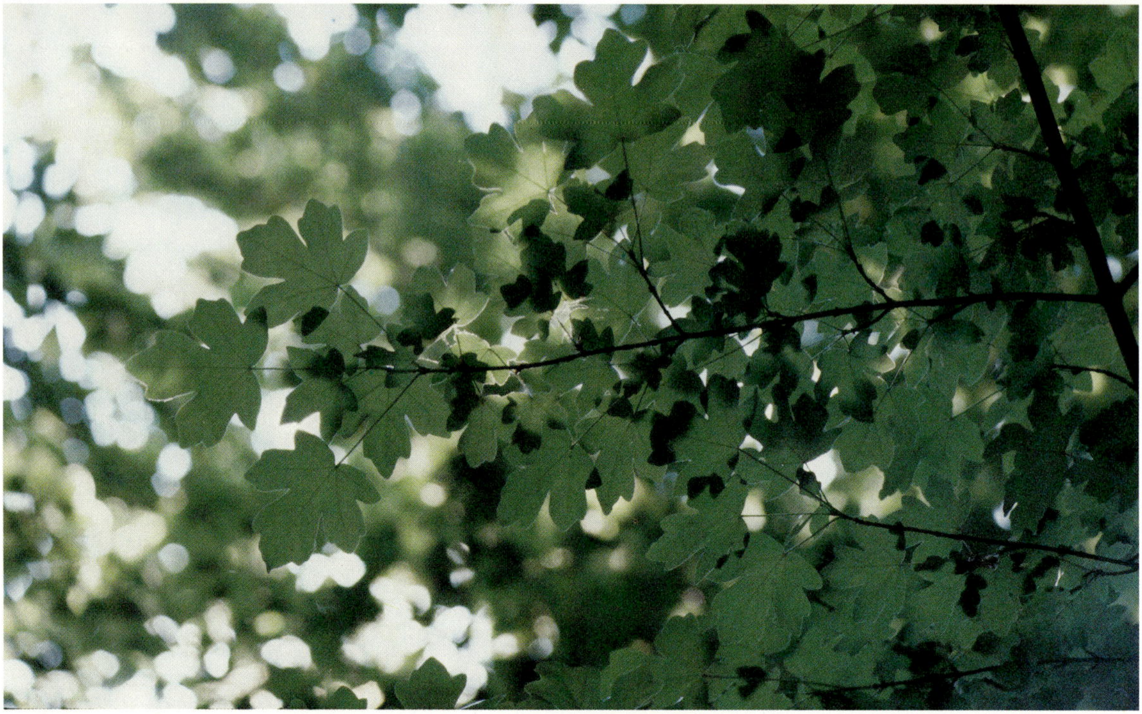

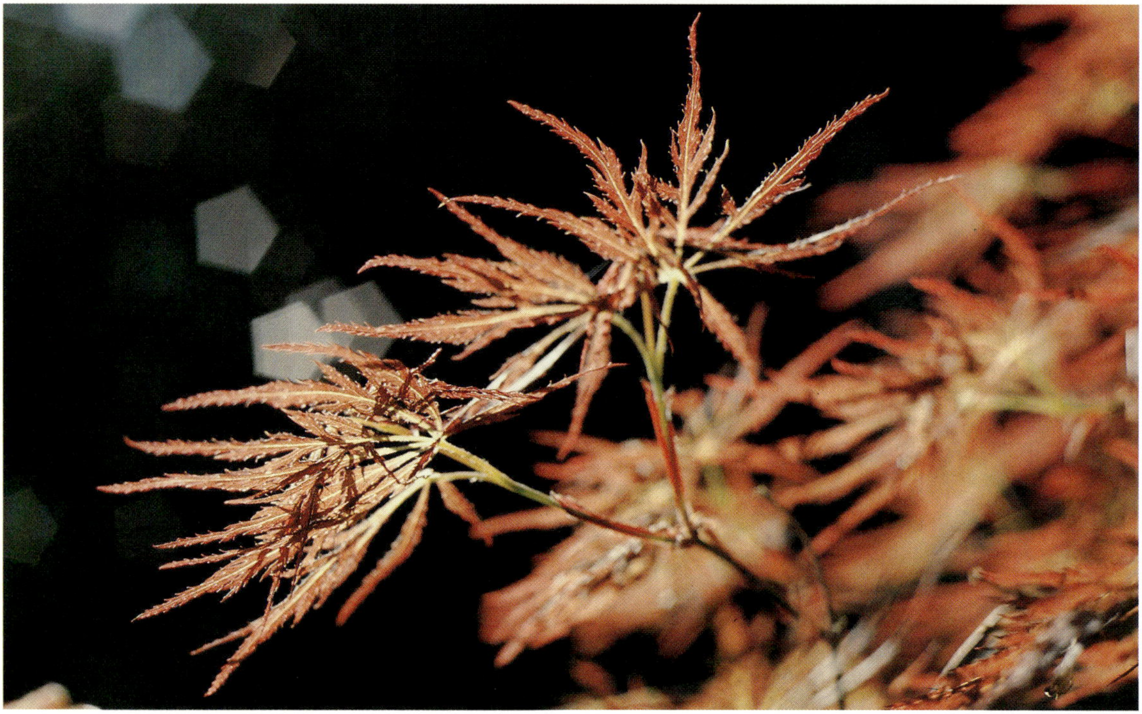

digen Blättern und wenigblütigen Doldentrauben. Ebenfalls häufig buschig der **Feldahorn** *(A. campestre).* In lichten Wäldern auf warmen Kalkflächen überschatten seine Zweige die Waldwege mit fast fugenlosem Blattmosaik. Durch Drehung der gegenständig angesetzten Stiele der mehrfach rundlich gelappten Blätter werden die Spreiten so dem Licht nachgeführt, daß sie sich möglichst wenig gegenseitig beschatten, doch jeden Lichtstrahl auffangen. Man kann das ähnlich auch bei anderen Ahornen und Bäumen wie der Buche beobachten. Blüten- und Fruchtstand gleichen dem Französischen Ahorn. Die Fruchtflügel stehen waagerecht ab und sind gelegentlich rot überlaufen.

Spitzahorn *(A. platanoides)* blüht, bevor er Blätter trägt, mit solchen Blütenmassen, daß man von fern einen belaubten Baum vermuten könnte, denn seine Blütenfarbe ist gelb-grün. Er wächst nicht so rasch und nicht in solche Höhen wie der **Bergahorn** *(A. pseudo-platanus),* setzt sich auch nicht so stark an den verschiedensten Standorten durch wie dieser, ist aber durch seinen ebenmäßigen Kronenbau, die vielfarbige, am Ende goldgelbe Herbstfärbung, die zahlreichen Sorten beliebt als Straßen- und Anlagenbaum.

Ahornholz bleibt im Küchenbetrieb weiß und geruchfrei, quillt kaum und wird gern für Laubsägearbeiten und Holzgeschirr verwendet. Als man noch nicht alles aus Metall und Kunststoff machte, nahm man gern Ahornholz zum Wagenbau und stiftete die Sohlen von Schuhen mit Ahornnägeln zusammen, statt sie zu kleben. Möbel und Parkett belegen die Härte vor allem des Bergahornholzes, dessen langsamgewachsene Stämme aus Lagen über 1000 m herrliches Klangholz liefern mit schillernder Maserung z. B. für Zargen, Böden, Hälse von Streichinstrumenten und Schnitzarbeiten. Der Saft verschiedener Ahornarten enthält bis zu 3 % Zucker. Er wird in Amerika gern zu Ahornsirup verkocht. Spitzahornsaft ist zwar auch zuckerreich, doch mehr milchig und wird durch das Erhitzen unappetitlich gummiartig.

Linke Seite von oben:

Abb. 125: Wie bei diesem Feldahorn fangen die Blätter der unteren Baumzweige jeden oben durchgelassenen Lichtstrahl auf, indem sie ihre Stiele so lange drehen, bis die Spreite die höchstmögliche Lichtmenge erhält.

Abb. 126: Frühlingslaub der roten Spielart eines japanischen Fächerahorns.

Abb. 127: Ein alter Bergahorn am Rande eines Geröllfeldes. Im Hintergrund die Hänge des Karwendelgebirges.

Abb. 128: Gewaltige Kastanie als Hofbaum vor einem Bauernhaus in Oberschwaben.

Roßkastaniengewächse
(Hippocastanaceae)

Die einzige Ähnlichkeit zu den echten Kastanien haben bei kurzem Hinsehen die Früchte der **Roßkastanien** *(Aesculus hippocastanum)*. Bei größerer Sorgfalt erkennt man rasch am fehlenden Griffelrest der Roßkastanien, daß sie keine Früchte, sondern Samen sind.

Kastanienholz ist wenig nutzbar, darum pflanzte und pflanzt man sie nur als Prunkbaum. Schnellwüchsig, weit und wohlgeformt die Krone, mit schön wie Herrenwinkerlöckchen hochgedrehten Zweigspitzen, dicken, klebrig-braun beschuppten Knospen, die schon den ganzen Jahresbetrieb in Miniatur enthalten und denen man beim Ausschlagen fast zusehen kann. Die Blätter, weit gefächert, zeigen vom Licht durchleuchtet ihre Blattnervengraphik. Prächtig gelb-rot gescheckte Blütenkerzen zwischen sattem Grün. Im Herbst ein Laub von herrlich mattem Gelb, das wunderbar zum zarten Dunst des Himmels kontrastiert. Aus stachelig bewehrter, dreiteiliger Hülle, mit weichem, weißem Zellschaumpolster ausgeschlagen, springt der, wie Hugh Johnson schreibt, „appetitlichste aller ungenießbaren" Samen, herb und bitter wie Eicheln, im Krieg zu Malzkaffee gebrannt, zu venenstärkender Arznei vermarktet, dem Wild im Winter beigefüttert, auch von erwachsenen Kindern immer wieder gern der glänzend-glatten Schale wegen aufgehoben und in der Jackentasche vergessen. Ein, höchstens zwei Samen pro Kapsel haben genügend laut nach Futter geschrien, die anderen sind klein oder verkümmert.

Sie kam 1576 aus der Türkei, wird bei uns mindestens 300 Jahre alt, war als Alleebaum sehr beliebt, ist autoschädlich eingestuft wegen der Laubglätte und Fruchtbeulen im Blech. Die Kastanie ist sehr empfindlich gegenüber Streusalz. Die Blätter bekommen davon im Juni schon braune Ränder und der Baum stirbt bald. In Parks und Anlagen findet man inzwischen etwa 10 weitere auch rot und gelb blühende Sorten, Kreuzungen und Arten.

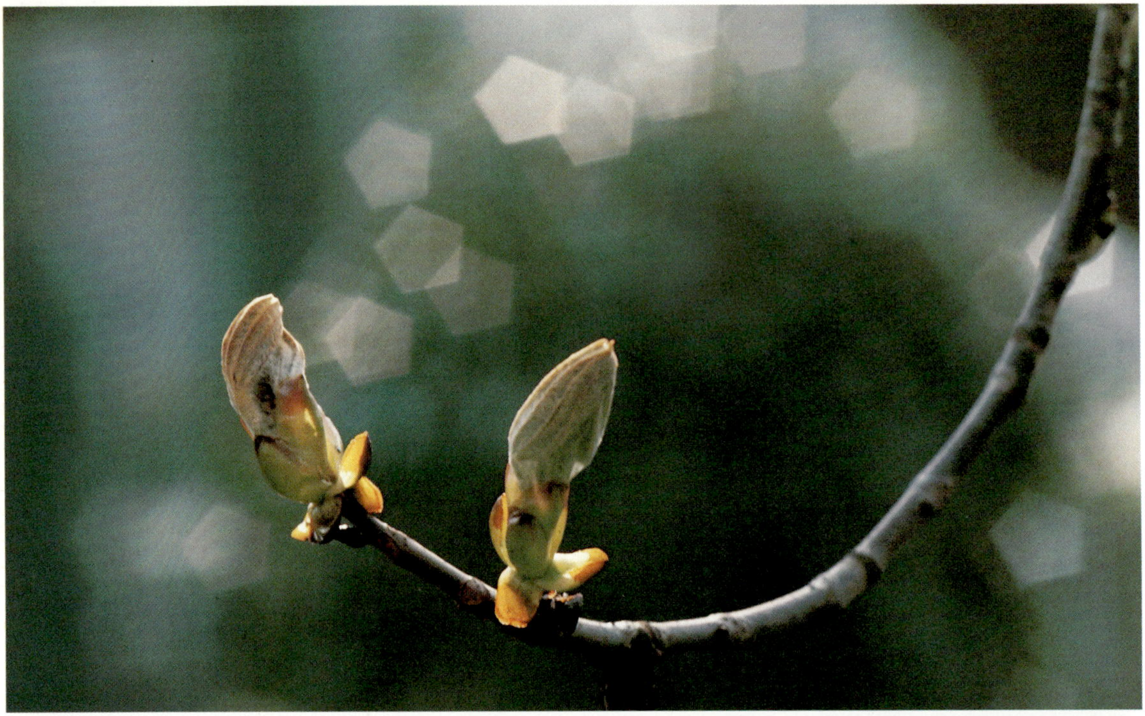

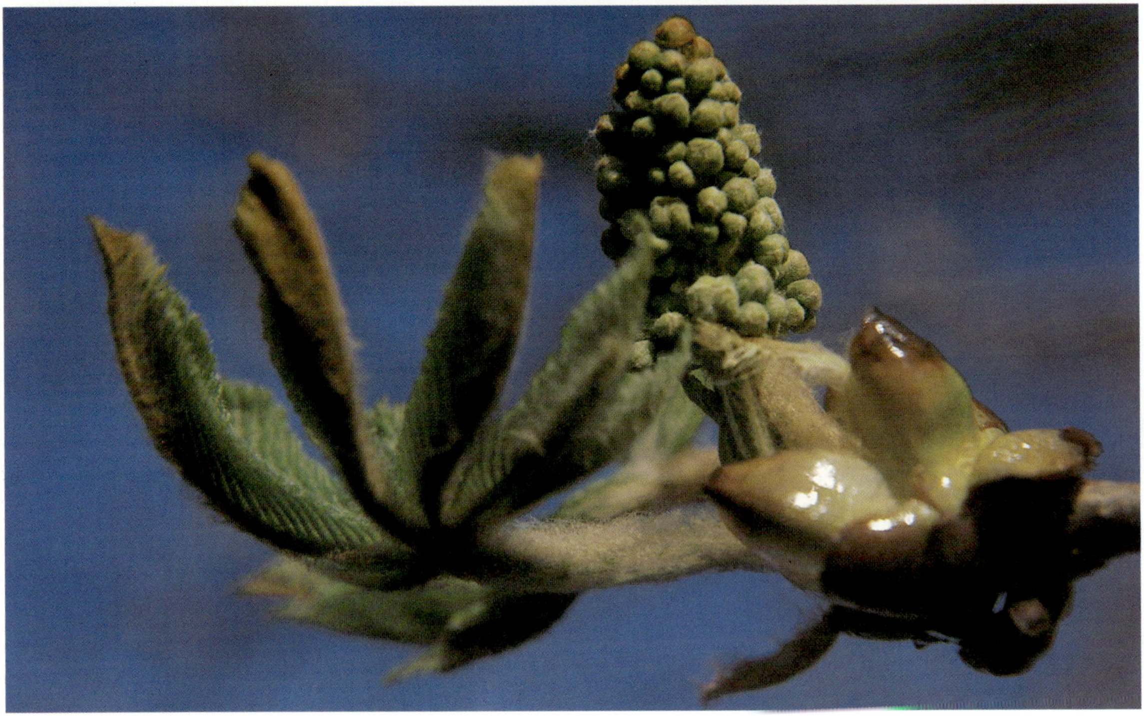

Abb. 129—131: Bei feuchtwarmem,
sonnigem Frühlingswetter vollzieht sich
der Frühlingsaustrieb der Roßkastanien
von der ersten zarten Spitze (links oben)
bis zum blattreichen, voll erblühten Zweig
(rechte Seite) innerhalb weniger Tage.
Alles liegt bereits seit dem Herbst
fertig vorgebildet in den klebrigen,
glänzend braunen Knospenschuppen.

Einsame Riesen, Linden und Esche

Linden und Eschen sind zwar nicht im Entferntesten miteinander verwandt, stehen aber von Alters her in enger Beziehung zu den Menschen in Deutschland. In waldarmer Landschaft ragen ihre mächtigen Stämmen aufsitzenden Kronen aus den Ebenen, unterbrechen die Linie sanfter Wiesenhänge oder krönen grasige Hügel. Beide lieben tiefgründig-lockere Böden, Eschen mehr feuchte. Beide leben einzeln, höchstens in kleinen Gruppen, Linden selten, Eschen häufig auch im Wald.

Abb. 132: In der weiten Ebene bei Rottenburg bildet diese ebenmäßige Doppelkrone zweier Sommerlinden einen

weithin sichtbaren Blickfang und schützt ein mächtiges Holzkreuz.

Abb. 133: Mächtige alte Sommerlinde in der Hofgeismarer Masch.

Lindengewächse *(Tiliaceae)*

Verwandt mit Hibiscus und Malve haben sie die meisten Familienangehörigen in den Tropen und Subtropen, wie die beliebte Zimmerlinde *(Sparmannia africana)*. Nur zwei Arten sind bei uns heimisch, die aber je nach Standort und Klima sich einander in ihren Merkmalen so stark annähern, daß eine klare Bestimmung kaum möglich wird. Häufige Bastarde erschweren die Bestimmung noch mehr. Hinzu kommen eingeführte Amerikaner und Asiaten und wieder Kreuzungen zwischen diesen und unseren.

Doch sind als Linden alle leicht zu kennen an ihrem Wuchs, gekennzeichnet durch rasche Teilung des Stammes in mehrere aufstrebende Hauptäste, deren Seitenzweige sich bogenförmig tief herabsenken. Unsymmetrisch herzförmig mit gesägtem Rand die Blätter, zweizeilig an den Zweigen angeordnet. Sie blühen spät, meist im Juli, der darum früher Lindenmonat hieß. Die Blüten schlummern hier nicht schon in Winterknospen, sondern der junge Jahrestrieb bildet sie erst. Klein sind die Blütenrispen, grünlichgelb alle Teile gefärbt, auch die schmalen, dünnen, langen, zur Hälfte mit dem Rispenstiel verwachsenen Hochblattflügel, die lange noch den Eindruck des blühenden Baumes erhalten, wenn längst die kugeligen Früchte reif sind. Man riecht den Honigduft auf weite Strecken. Manch eingeführte Art wird so den Bienen zum Verhängnis: Ihr Nektar ist für unsere Bienenrassen giftig, die dann zu Tausenden tot unter diesen Linden liegen. Schwarzsporige Honigtaupilze wachsen auf dem klebrig tropfenden Zuckerkot der Blattläuse, von denen Linden oft befallen werden. Die Keimblätter, meist einfacher gebaut als die Laubblätter, sind bei den Linden stark zerschlitzt.

Sommerlinden *(Tilia platyphyllos = T. grandifolia)* haben große, weiche Blätter mit hellem Haarflaum in den Nervenwinkeln unterseits, in denen tags Milben wohnen, die nachts Parasitenpilze von den Blättern weiden. Die großen Blüten bilden wenigblütige Rispen. Bei **Winterlinden** *(T. cordata = T. ulmifolia = T. parvi-*

Abb. 134: Die Stämme der Winterlinden bilden gern dicke Knollen aus, die, wenn man sie beschneidet, noch heftiger wuchern und Massen kleiner Zweige treiben. Selten findet man Linden bei uns im Wald, in den Laubwäldern Südrußlands soll ihr Anteil jedoch recht hoch sein.

folia) ist der Winkelflaum der kleinen, härteren Blätter rötlichbraun, die kleineren Blüten stehen in vielblütigen Rispen. Der Stamm hat häufig große runde Knollen.

Lindenholz ist fein gemasert, ideal als Schnitzholz, geeignet auch für Kohlestifte und Zeichenkohle. Zum Bauen ist es nicht stabil genug. Warum Linden ohne Kernholz bis 2500 Jahre alt werden können, ist noch nicht geklärt. Der starke Rindenbast ist gut für Körbe, Seile, Blumenbast. Beliebt ist Lindenblütentee bei Husten und Erkältung.

Abb. 135 (links): Bei Linden entspringen die Blütenrispen in der Mitte bleicher Tragblätter, die dem gesamten Fruchtstand nach der Reife Flügel sind.

Abb. 136 (unten): Lindenzweig-Filigran vor winterlichem Abendhimmel.

Abb. 137: Im niederschlagsreichen Voralpenraum sind Eschen als Solitärbäume häufig.

Abb. 138: Fruchtender Eschenzweig mit frischem Laub im harten Licht eines Junimorgens.

Esche *(Fraxinus excelsior)*

Eschen gehören mit Liguster und Flieder zu den **Ölbaumgewächsen** *(Oleaceae)*. Bis auf die gegenständige Belaubung haben Eschen jedoch kaum Merkmale, die die Verwandtschaft zeigen. Die meisten Kennzeichen unserer Esche sind jedoch auch kennzeichnend für die etwa 60 anderen Eschenarten, die es weltweit gibt: Unpaarig gefiederte große Blätter erscheinen so spät, daß man den Baum erfroren glaubt. Im Herbst fallen die Blätter nicht als Ganzes, sondern die Fiederblättchen lösen sich grün noch von der Blattrippe, die später erst sich löst und große markant gemusterte Narben am Zweig zurückläßt. Schwarz, eckig, dick und tupfig patiniert sind ihre Winterknospen, in denen schon die Blütenstände ruhen, die lange vor den Blättern mit kronblattlosen kleinen Blüten an reich verzweigten Rispenfäden sich nach Insekten strecken. Die Blüten können zwittrig sein, getrenntgeschlechtig ein- oder zweihäusig stehen und die Geschlechtigkeit von Jahr zu Jahr verändern. Weibliche Blüten tragen sie höchstens jedes zweite Jahr, im anderen blühen sie männlich oder garnicht. In langen Rispenbüschen hängen bis zur nächsten Blüte die Fruchtnüßchen mit ihrem langen Flügel.

Ist die Gipfelknospe zerstört, übernimmt das Seitenknospenpaar darunter gleichstark die Führung. Diese oft zu beobachtende Doppelstamm- oder Zwieselbildung war es wohl, die die Sage aus zwei Eschentrieben durch Odin Ask und Embla schaffen ließ, das erste Menschenpaar. Die Esche ist nach der nordgermanischen Edda-Dichtung auch der „größte und beste aller Bäume". Bei 45 m Höhe trifft das zu, und auch das feste, biegsame und sehr tragfähige Holz ist nach wie vor für Flugzeug- und Eisenbahnbau, Möbel, Stiele und Sportgeräte begehrt.

Im Mittelmeergebiet ist die **Blumen-** oder **Mannaesche** *(F. ornus)* heimisch. Der kleine Baum hat fädige weiße Blütenblätter und einen zuckerreichen Saft, der getrocknet nach Brot riecht und als Manna gehandelt wird.

Abb. 139: Zwittrige Blütenbüschel einer Esche in etwa natürlicher Größe. Die einzelnen Blütchen bestehen nur aus dem Stempel und zwei Staubblättern, die darunter waagerecht abstehen.

Abb. 140: Eschenknospen kurz vor dem Aufbruch. Links ein Langtrieb, rechts ein gedrungener Kurztrieb mit verkorkten Blattnarben.

Kleinbäume

Neben den bisher gezeigten Bäumen wachsen bei uns zahlreiche Sträucher, die unter günstigen Umständen auch Stämmchen oder Stämme bilden. So steht im Hofe vor meinem Arbeitszimmer ein herrlicher, etwa 9 m hoher **Schwarzer Holunder** *(Sambucus nigra),* dessen gut 30 cm dicker Stamm sich erst 3 m über dem Boden verzweigt. Er steht mit seiner Familie, den **Geißblattgewächsen** *(Caprifoliaceae),* der Esche nahe.

Sanddorn *(Hippophae rhamnoides)* gehört zu den **Ölweidengewächsen** *(Eleagnaceae)* und wächst wild gern am kiesigen Ufer der großen Alpenströme. Die **Pimpernuß** *(Staphylea pinnata)* mit ihren dreiteiligen, aufgeblasenen Früchten hat ihre eigene Familie und wächst wild selten in Süddeutschland auf Kalkfelsen. Beide sind nahe verwandt mit Ahorn und Kastanie.

Die mit dem ersten Frühling in gelben Döldchen blühende **Kornelkirsche** *(Cornus mas)* hebt sich oft hoch hinaus aus anderen Sträuchern. Nahe verwandt mit Doldenblütlern, hat sie als holzigen Vetter nur den Efeu. Wenn man den Kern der herben Kirschen genau betrachtet, ist Ähnlichkeit zum Kümmel leicht zu finden.

Stechpalmen *(Ilex aquifolium)* sind mit rot gelackten Beeren und stachlig-immergrünem Blatt bekannte Attribute britischer Weihnacht. An der Atlantikküste wachsen sie in lichten Wäldern zu schlanken Bäumen. In ähnlicher Weise kann auch der **Faulbaum** *(Frangula alnus = Rhamnus frangula)* zu einem Bäumchen sich entwickeln. **Buchsbaum** *(Buxus sempervirens)* wächst selten wild im Moselgebiet und bei Lörrach. Er ist beliebt als Heckenstrauch in wohlgestutzten Ziergärten. Im Mittelmeergebiet soll er bis zu 7 m hohe Bäume bilden. Stechpalme, Faulbaum und Buchsbaum sind nahe miteinander verwandt.

Zum Abschluß noch ein Bäumchen, das selbst auf Bäumen wächst, die **Mistel** *(Viscum album* und *V. laxum).* Sie ist zwar grün, treibt aber Senkerwurzeln ins Holz der Wirtsbaumzweige und nimmt Teil am Saftstrom ihres Wirtes.

Abbildungen, jeweils von oben:

Links: Abb. 141: Blühende Kornelkirsche.
Abb. 142: Mehrstämmiger Schwarzer Holunder.
Rechte Seite links:
Abb. 143: Faulbaumzweig mit Früchten.
Abb. 144: Stechpalme im Küstenwald.
Rechte Seite rechts:
Abb. 145: Mistelbäumchen auf einer Birne.
Abb. 146: Flechtenbesetzter Sanddornstamm.

Anhang

Abb. 147: Wer solche Sonnenuntergänge hinter bewaldeten Höhenzügen wie hier im Wettersteingebirge liebt, sollte

Der Anhang soll dem Anfänger helfen, sich in der Vielfalt der Bäume etwas zurecht zu finden. Die Blattformtafeln erleichtern das Erkennen der Arten. Die Listen der deutschen und lateinischen Baumnamen versuchen, etwas Ordnung in die Namensgebung zu bringen, denn für viele Baumarten werden mehrere Namen gebraucht. Das Literaturverzeichnis nennt auch einige geeignete Bestimmungsbücher, und das Register hilft im Umgang mit diesem Buch.

mithelfen, daß unsere Bergwälder erhalten bleiben.

Blattform-Tafeln

Die Blattformen der Baumarten Deutschlands und häufiger oder im Vergleich mit einheimischen Arten interessant erscheinender eingeführter Arten sind hier von Originalblättern abgezeichnet, als grobe Hilfe zum Erkennen der Arten. Geordnet wurde nach der Blattform, wobei nahe verwandte Gruppen jedoch zusammengelassen wurden.

Alle Zeichnungen ½ natürliche Größe!

Die Blattnummer steht jeweils links von der Zeichnung.

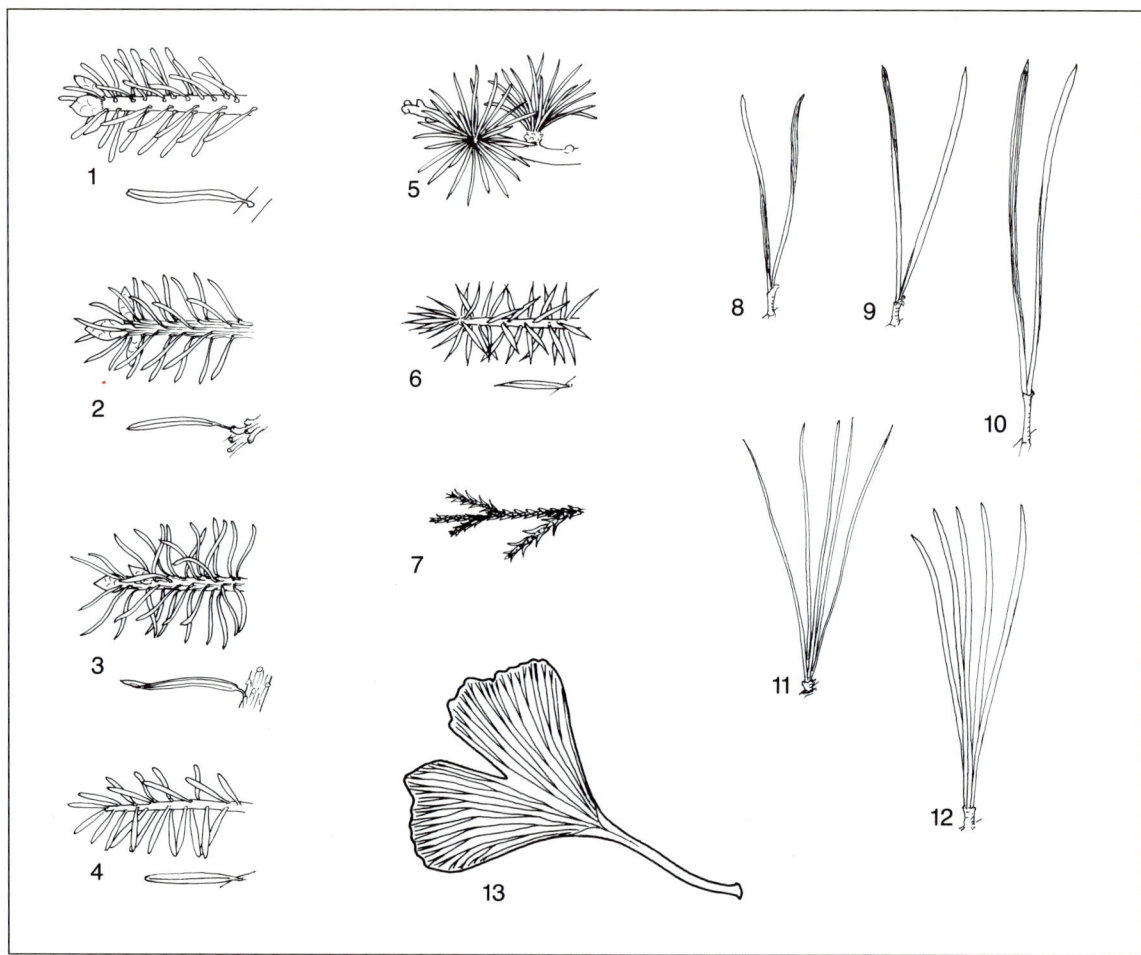

Nadelblätter

1 Weiß-Tanne *(Abies alba)*
2 Fichte *(Picea abies)*
3 Douglasie *(Pseudotsuga menziesii)*
4 Eibe *(Taxus baccata)*
5 Lärche *(Larix,* alle Arten*)*
6 Wacholder *(Juniperus,* nadelblättrige*)*
7 Stink-Wacholder *(J. sabina)*
8 Berg-Kiefer *(Pinus mugo)*
9 Wald-Kiefer *(P. sylvestris)*

10 Schwarz-Kiefer *(P. nigra)*
11 Weymouths-Kiefer *(P. strobus)*
12 Zirbel-Kiefer *(P. cembra)*

Laubblätter

A. Fächerblätter

13 Ginkgo *(Ginkgo biloba)*

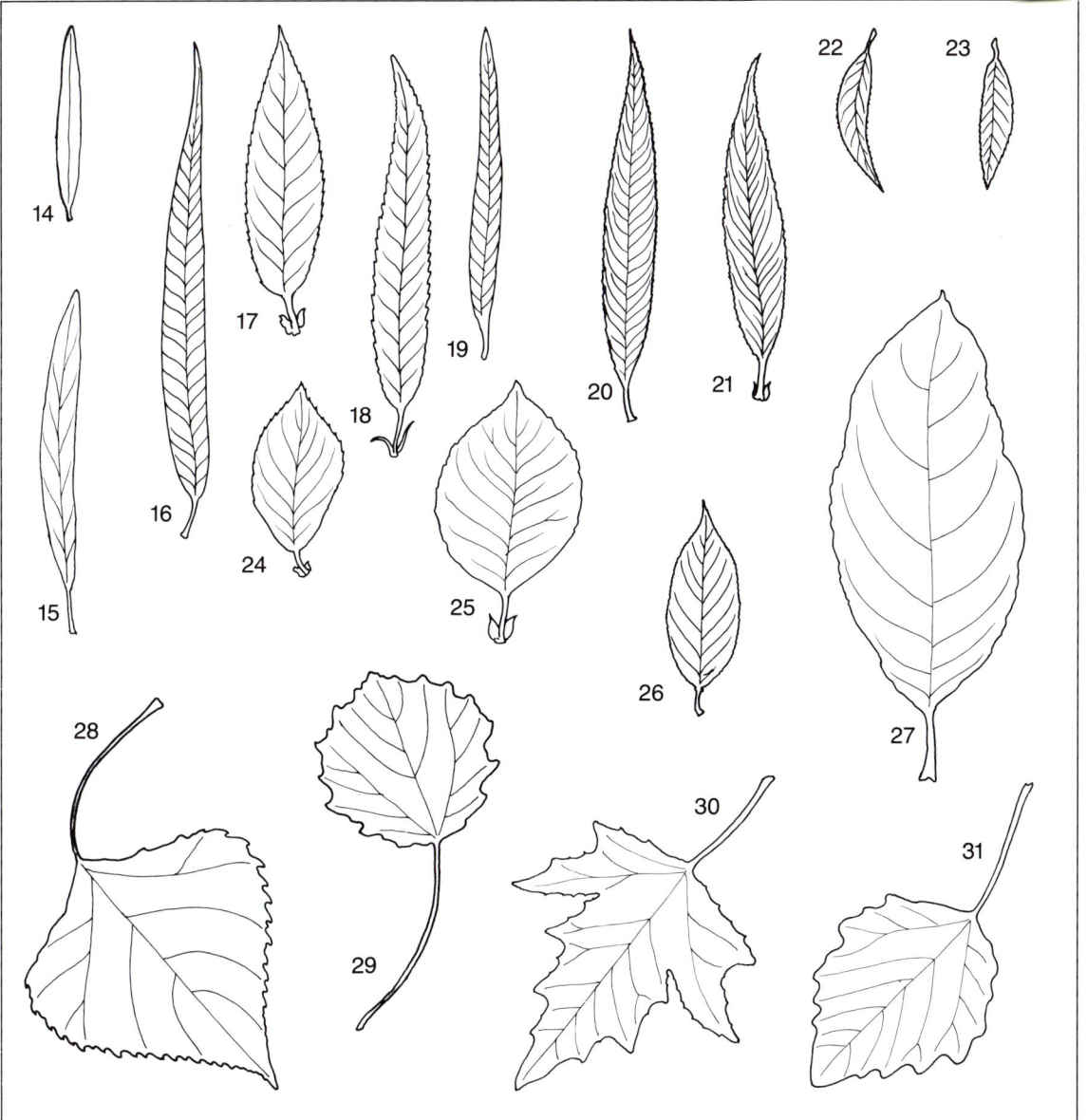

B. Weidenähnliche Blätter, Weiden und Pappeln

14 Sanddorn *(Hippophae rhamnoides)*
15 Ölweide *(Eleagnus angustifolia)*
16 Korb-Weide *(Salix viminalis)*
17 Mandel-Weide *(S. triandra)*
18 Reif-Weide *(S. daphnoides)*
19 Lavendel-Weide *(S. eleagnos)*
20 Trauer-Weide *(S. babylonica)*
21 Bruch-Weide *(S. fragilis)*
22 Silber-Weide *(S. alba)*

23 Purpur-Weide *(S. purpurea)*
24 Grau-Weide *(S. cinerea)*
25 Schwarz-Weide *(S. myrsinifolia)*
26 Lorbeer-Weide *(S. pentandra)*
27 Sal-Weide *(S. caprea)*
28 Schwarz-Pappel *(Populus nigra* und Hybr.*)*
29 Zitter-Pappel *(P. tremula)*
30 Silber-Pappel *(P. alba)*
31 Grau-Pappel *(P. x canescens)*

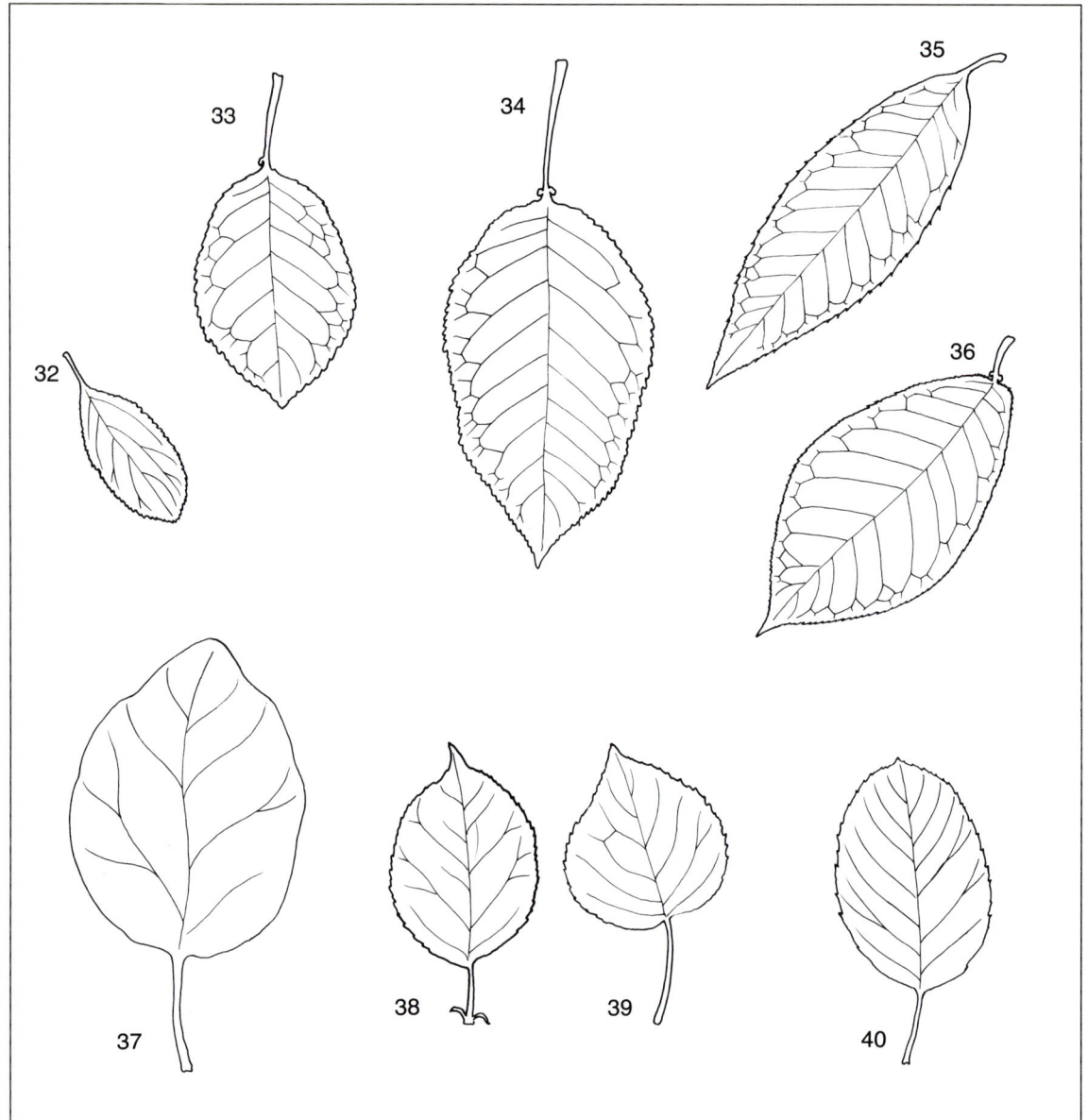

C. Obstbäume, steinfruchtig

32 Schlehdorn *(Prunus spinosa)*
33 Sauer-Kirsche *(P. cerasus)*
    und Felsen-Kirsche *(P. mahaleb)*
34 Süß-Kirsche *(P. avium)*
35 Traubenkirsche, späte *(P. serotina)*
36 Traubenkirsche, gewöhnliche *(P. padus)*

D. Obstbäume, apfelfruchtig

37 Quitte *(Cydonia oblonga)*
38 Holz-Apfel *(Malus sylvestris)*
39 Birnbaum, Wilder *(Pyrus pyraster)*
40 Felsenbirne *(Amelanchier ovalis)*

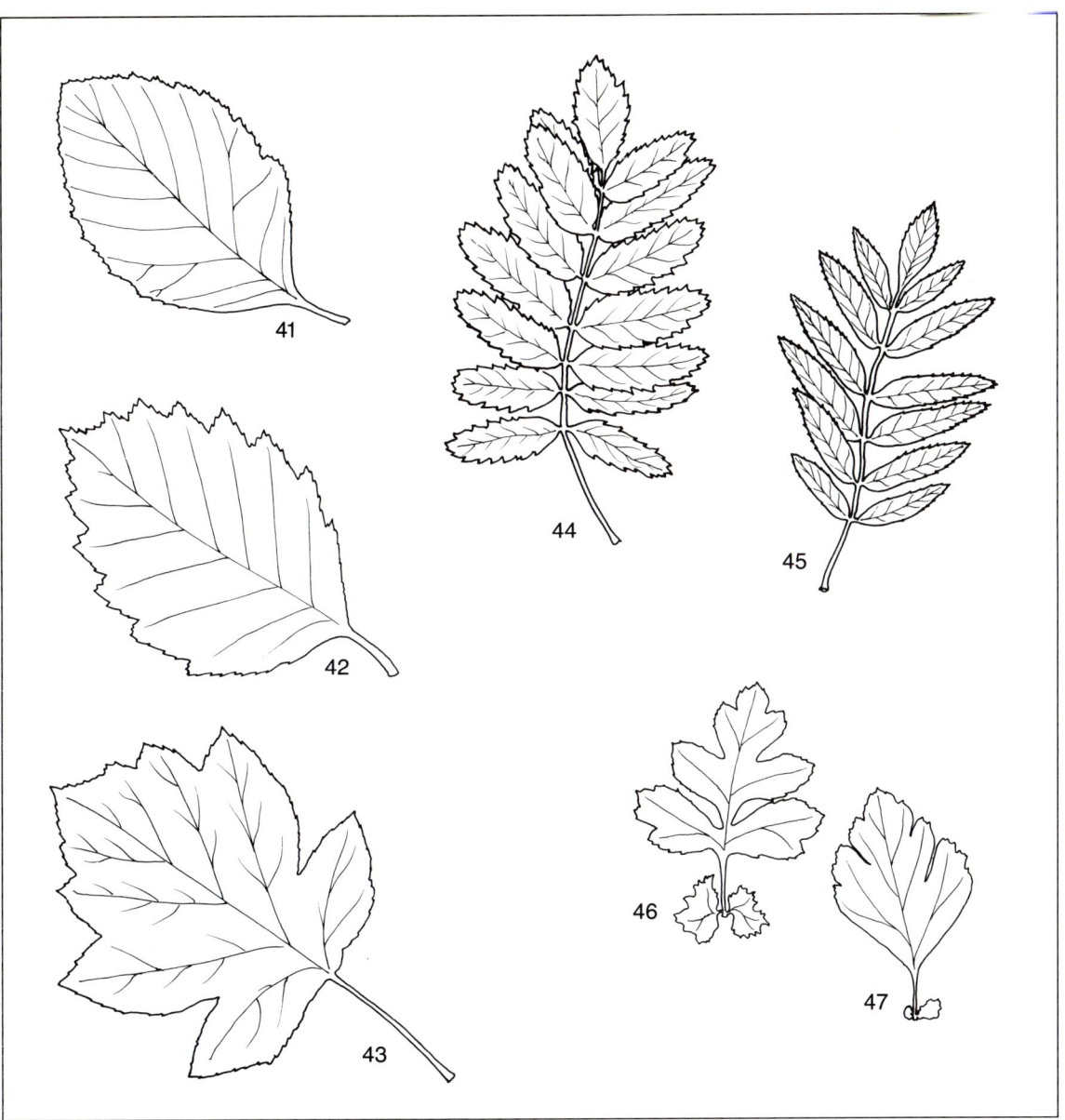

41 Mehlbeere *(Sorbus aria)*
42 Mehlbeere, Schwedische *(S. intermedia)*
43 Elsbeere *(S. torminalis)*
44 Speierling *(S. domestica)*
45 Eberesche *(S. aucuparia)*
46 Weißdorn, Eingriff. *(Crataegus monogyna)*
47 Weißdorn, Zweigriffeliger *(C. oxyacantha)*

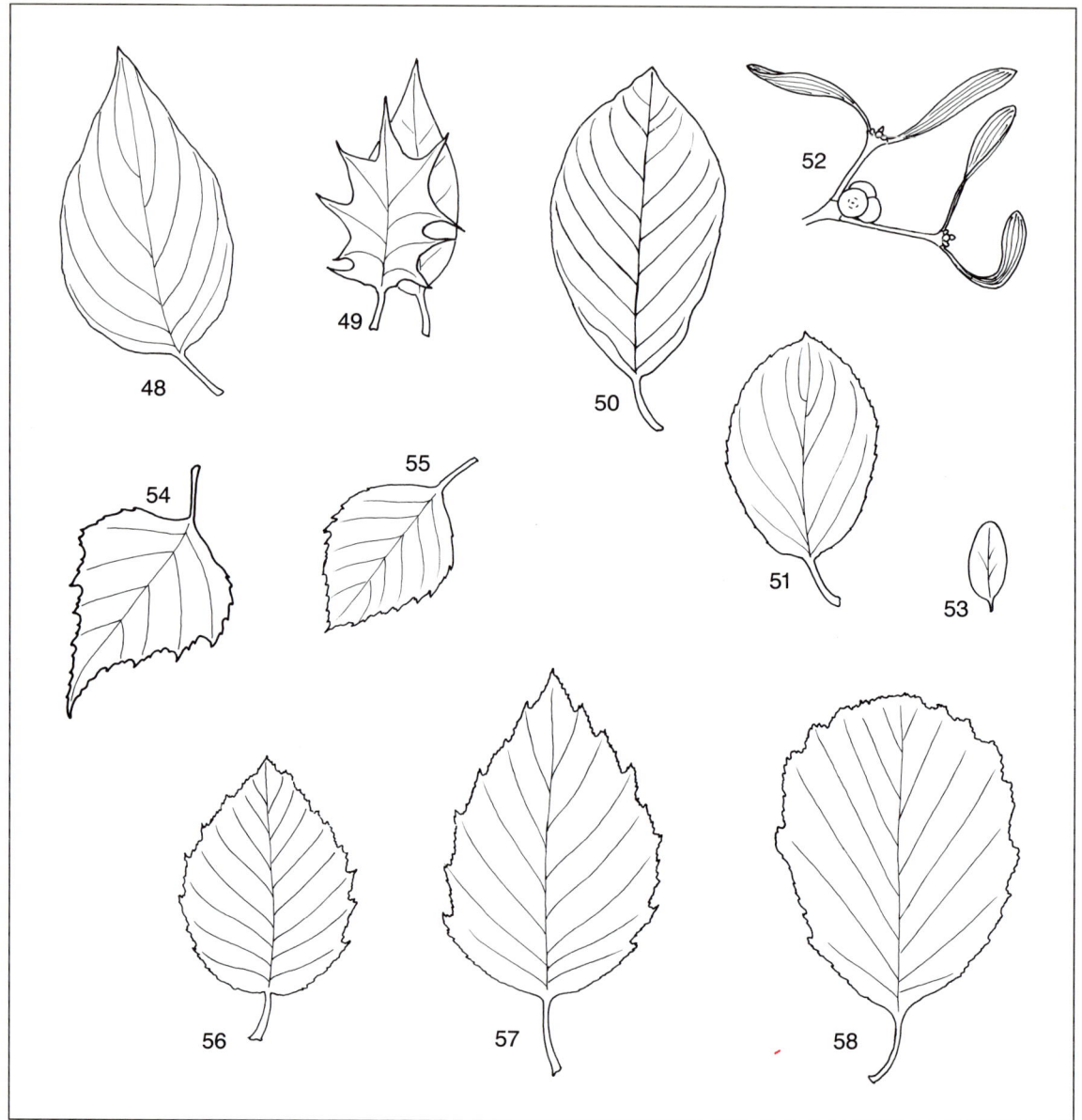

E. Blätter ganzrandig, gesägt, gezähnt

48 Kornelkirsche *(Cornus mas)*
49 Stechpalme *(Ilex aquifolium)*
50 Faulbaum *(Frangula alnus)*
51 Purgier-Kreuzdorn *(Rhamnus catharticus)*
52 Misteln *(Viscum album* und *V. laxum)*
53 Buchsbaum *(Buxus sempervirens)*
54 Hänge-Birke *(Betula pendula)*
55 Moor-Birke *(B. pubescens)*
56 Grün-Erle *(Alnus viridis)*

57 Grau-Erle *(A. incana)*
58 Erle, Schwarze *(A. glutinosa)*

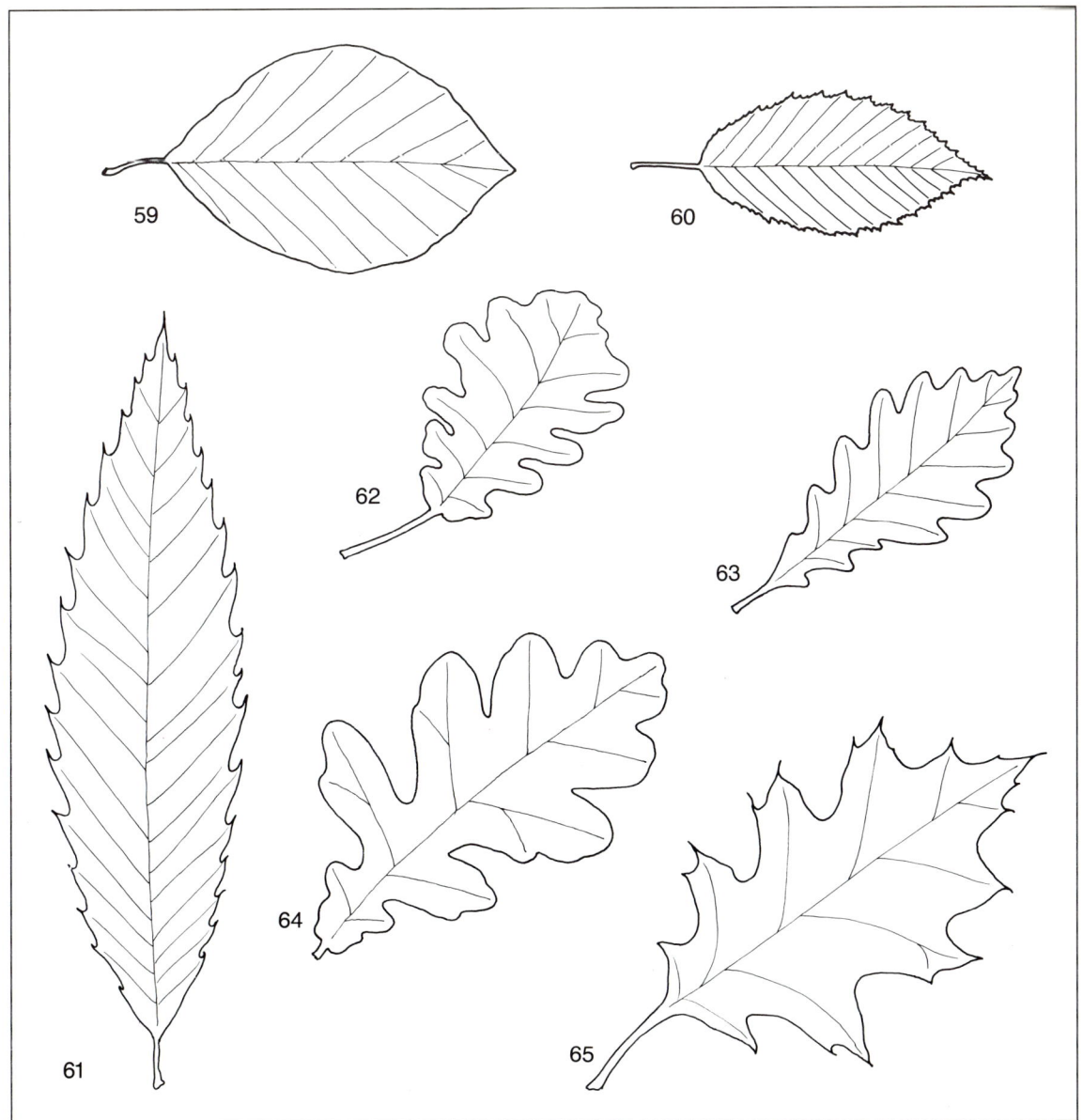

59 Rotbuche *(Fagus sylvatica)*
60 Hainbuche *(Carpinus betulus)*
61 Eß-Edelkastanie *(Castanea sativa)*

E. Eichen

62 Flaum-Eiche *(Quercus pubescens)*
63 Stein-Eiche *(Q. petraea)*
64 Stiel-Eiche *(Q. robur)*
65 Rot-Eiche *(Q. rubra)*

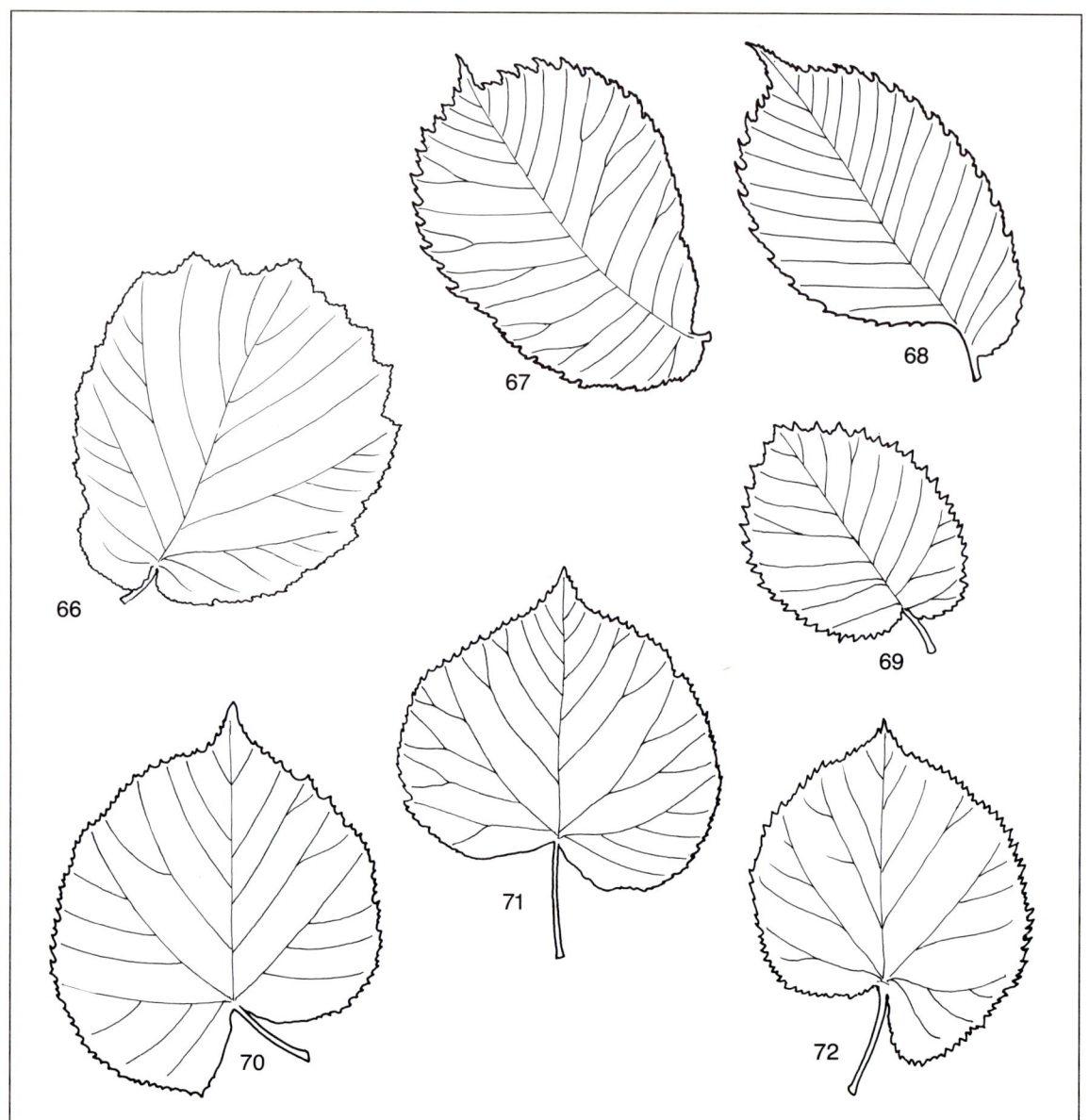

F. Unsymmetrische Blätter

66 Haselnüsse *(Corylus,* alle Arten*)*
67 Berg-Ulme *(Ulmus glabra)*
68 Flatter-Ulme *(U. laevis)*
69 Feld-Ulme *(U. minor)*
70 Sommer-Linde *(Tilia platyphyllos)*
71 Winter-Linde *(Tilia cordata)*
72 Silber-Linde *(Tilia tomentosa)*

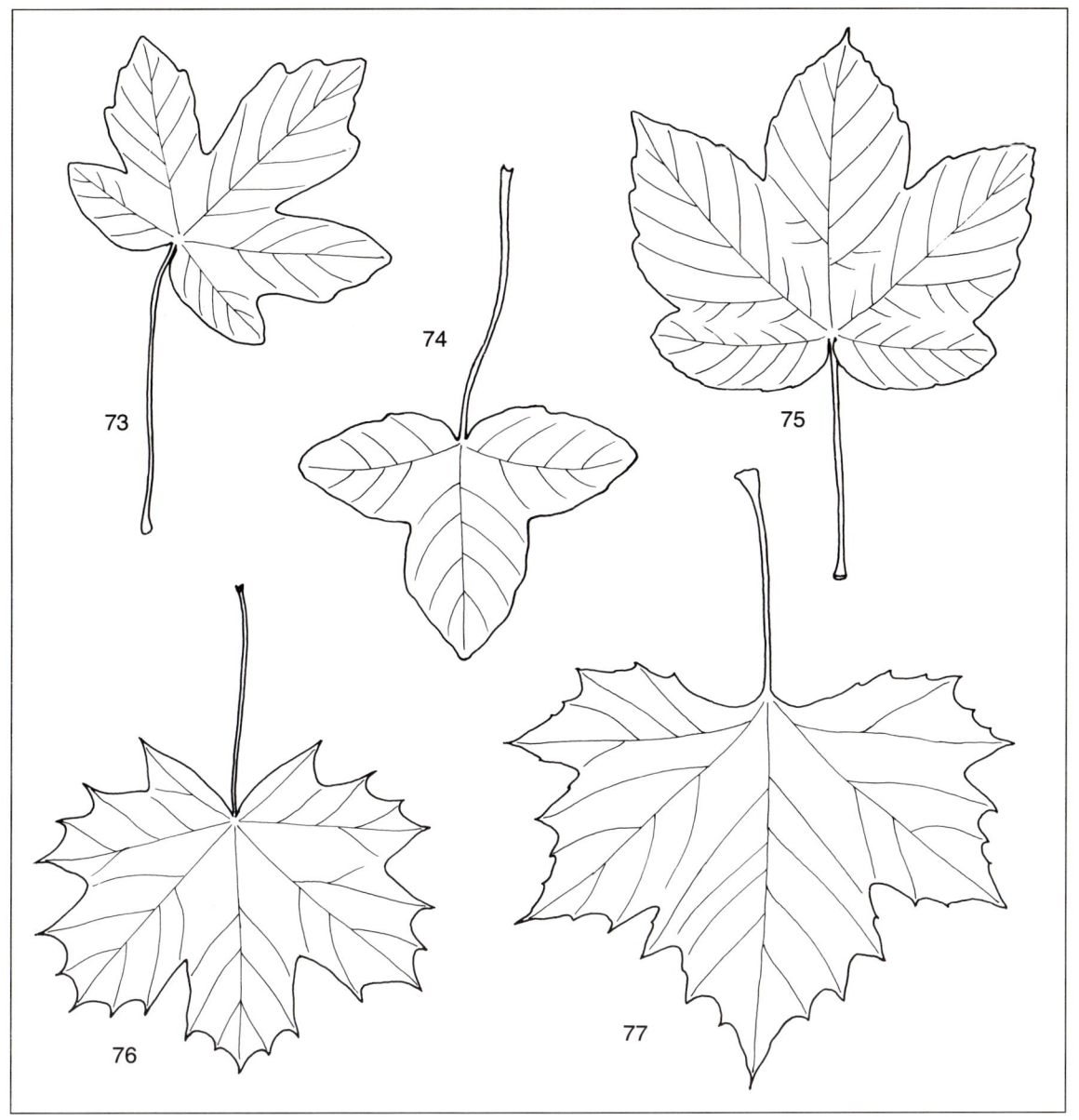

G. Ahorn und ahornähnliche Blätter

73 Feld-Ahorn *(Acer campestre)*
74 Ahorn, Französischer *(A. monspessulanum)*
75 Berg-Ahorn *(A. pseudo-platanus)*
76 Spitz-Ahorn *(A. platanoides)*
77 Platane, Ahornblättrige *(Platanus x hybr.)*

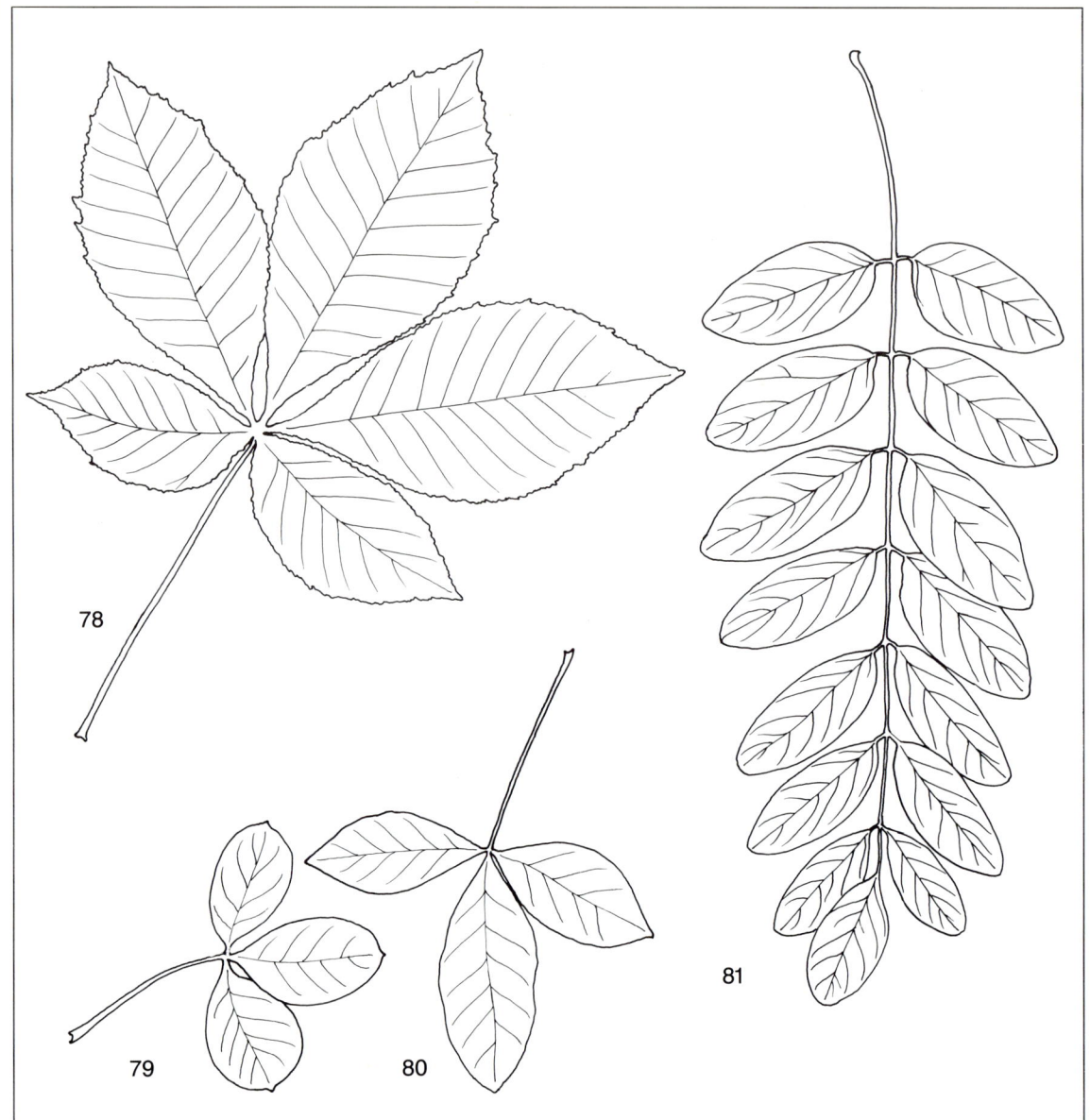

H. Geteilte Blätter

78 Roßkastanie *(Aesculus hippocastanum)*
79 Alpen-Goldregen *(Laburnum alpinum)*
80 Goldregen, Gemeiner *(L. anagyroides)*
81 Robinie, Gemeine *(Robinia pseudoacacia)*

82   Holunder, Schwarzer *(Sambucus nigra)*
83   Eschen *(Fraxinus,* alle Arten*)*
84   Walnuß *(Juglans regia)*
(Ebereschen siehe Nr. 44/45)

Alphabetische Namenslisten

Die Tabelle nennt alphabetisch geordnet die deutschen und botanischen Namen der heimischen Wildbäume, alter Kulturbäume, als Forstbäume oder Nutzholz gepflanzter Bäume, inclusive ihrer häufig anzutreffenden Bastarde. Die Auswahl wurde nach Schmeil-Fitschen, Flora, Heidelberg 82 vorgenommen und in wenigen Fällen ergänzt bzw. gekürzt.

Die Tabelle soll die Möglichkeit geben, sich durch die Vielzahl verschiedener deutscher und lateinischer Namen durchzufinden, die oft für ein und dieselbe Art verwendet werden. Von den deutschen Namen sind allerdings nur die bekanntesten aufgeführt.

Der botanische Name einer Pflanze besteht aus zwei Namen, dem vorangestellten Gattungsnamen und dem nachgestellten die Art kennzeichnenden Namen, der nach den seit 71 gültigen internationalen Nomenklaturregeln stets klein geschrieben wird: Die Weißtanne, *Abies alba*, gehört also mit anderen Arten zur Gattung *Abies*, den echten Tannen; die Bezeichnung *alba* trennt sie von den anderen Tannen-Arten wie der Art „Große Tanne" (*Abies grandis*) ab.

Der deutsche Gattungsname ist vorangestellt: Nicht „Weißtanne", sondern „Tanne, Weiß-" (Gattung Tanne = *Abies*); aber: nicht „Tanne, Rot-", sondern „Rottanne" (Gattung Rottanne = Fichte = *Picea*). Nur Bäume mit dem lateinischen Gattungsnamen *Abies* haben also den deutschen Gattungsnamen „Tanne".

Die deutschen Namen sind fett gedruckt, die dahinter stehenden lateinischen Namen sind die entsprechenden „offiziellen" botanischen Namen. Forstlich oder anders wirtschaftlich genutzte ausländische Arten und Bastarde sind in magerer Schrift wiedergegeben.

Abkürzungen:

ssp. = Unterart
var. = Spielart der *ssp.*
f. = Besondere Form- oder Farbmutante der Art
hybr. = Hybr. = Hybride, Bastarde

Liste der deutschen Namen

Ahorn, Berg- (Acer pseudo-platanus)
—, Feld- (Acer campestre)
—, Französischer (Acer monspessulanum)
—, Schneeballblättriger (Acer opalus)
—, Spitz- (Acer platanoides)
Apfelbaum, Kultur- (Malus domestica)
—, Wilder = Apfel, Holz-
Apfel, Holz- (Malus sylvestris)
Aprikose (Prunus armeniaca)
Arve- = Kiefer, Zirbel-
Aspe = Pappel, Zitter-

Birke, Hänge- (Betula pendula)
—, Karpaten- (Betula carpatica)
—, Moor- (Betula pubescens)
—, Rauh- = Birke, Hänge-
—, Warzen- = Birke, Hänge-
Birnbaum, Garten- (Pyrus communis)
—, Wilder (Pyrus pyraster)
Blautanne = Fichte, Blau-
Bleistiftzeder = Wacholder, Virginischer
Blutbuche = Rotbuche (f. purpurea)
Buche = Rotbuche
Buchsbaum, Immergrüner (Buxus sempervirens)

Douglasfichte = Douglasie, Küsten-
Douglasie, Küsten- (Pseudotsuga menziesii)
Douglastanne = Douglasie, Küsten-

Eberesche (Sorbus aucuparia)
—, Kahle (Sorbus aucuparia, ssp. glabata)
—, Schwedische = Mehlbeere, Schwedische
Edelkastanie, Eß- (Castanea sativa)
Eibe, Beeren- (Taxus baccata)
Eibe = Eibe, Beeren-
Eiche, Flaum- (Quercus pubescens)
—, Rot- (Quercus rubra)
—, Schwarz- = Eiche, Rot-
—, Stein- (Quercus petraea)
—, Stiel- (Quercus robur)
—, Sumpf- (Quercus palustris)
—, Trauben- = Eiche, Stein-
—, Zerr- (Quercus cerris)
Elsbeere (Sorbus torminalis)
Erle, Grau- (Alnus incana)
—, Grün- (Alnus viridis)
—, Schwarze (Alnus glutinosa)
—, Schwarz- = Erle, Schwarze

—, Weiß- = Erle, Grau-
Esche, Blumen- (Fraxinus ornus)
—, Gemeine (Fraxinus excelsior)
—, Manna- = Esche, Blumen-
—, Pennsylvanische (Fraxinus pennsylvanica)
—, Weiß- (Fraxinus americana)
Espe, = Pappel, Zitter-
Eßkastanie = Edelkastanie, Eß-

Fächerbaum = Ginkgo
Faulbaum (Frangula alnus)
Felsenbirne, Gemeine (Amelanchier ovalis)
Fichte (Picea abies)
—, Blau- (Picea pungens)
—, Sitka- (Picea sitchensis)
Föhre = Kiefer, Wald-

Ginkgo (Ginkgo biloba)
Goldregen, Alpen- (Laburnum alpinum)
—, Gemeiner (Laburnum anagyroides)

Hainbuche (Carpinus betulus)
Hartriegel, Gelber (Cornus mas)
Hasel, Baum- = Hasel, Große
—, Gemeine (Corylus avellana)
—, Große (Corylus maxima)
—, Lamberts- = Hasel, Große
Hemlocktanne, Kanadische (Tsuga canadensis)
Herlitze = Hartriegel, Gelber
Holunder, Schwarzer (Sambucus nigra)
Hopfenbuche, Gemeine (Ostrya carpinifolia)

Ilex = Stechpalme, Gewöhnliche

Kiefer, Berg- (Pinus mugo, incl. ssp.)
—, Haken- = Kiefer, Berg- (ssp. uncinata)
—, Krummholz- = Kiefer, Berg- (ssp. pumilio)
—, Moor- = Kiefer, Berg- (ssp. rotundata)
—, Schwarz- (Pinus nigra)
—, Wald- (Pinus sylvestris incl. etwa 150 ssp. u. var.)
—, Weymouths- (Pinus strobus)
—, Zirbel- (Pinus cembra)
—, Kirsche, Felsen- (Prunus mahaleb)
—, Sauer- (Prunus cerasus)
—, Süß- (Prunus avium incl. ssp.)
—, Zwerg- (Prunus fruticosa)
Kirschpflaume (Prunus cerasifera)
Kornelkirsche = Hartriegel, Gelber
Kreuzdorn, Purgier- (Rhamnus catharticus)

Lärche, Europäische (Larix decidua)
—, Japanische (Larix kaempferi)
Latsche = Kiefer, Berg- (ssp. mugo)
Legföhre = Kiefer, Berg- (ssp. pumilio und mugo)
Linde, Silber- (Tilia tomentosa)
—, Sommer- (Tilia platyphyllos)
—, Winter- (Tilia cordata)

Mandelbäumchen (Prunus triloba)
Mehlbeere (Sorbus aria)
—, Schwedische (Sorbus intermedia)
Mispel, Echte (Mespilus germanica)
Mistel, Eichen- = Riemenblume, Europäische
—, Kiefern- (Viscum laxum ssp. laxum)
—, Laubholz- (Viscum album)
—, Nadelholz- (Viscum laxum)
—, Tannen- (Viscum laxum ssp. abietis)
Morelle = Kirsche, Sauer-

Ölweide, Schmalblättrige (Eleagnus angustifolia)
—, Silber- (Eleagnus commutata)

Pappel, Balsam- (Populus balsamifera)
—, Grau- (Populus x canescens)
—, Kanadische (Populus x canadensis)
—, Pyramiden- (Populus nigra ssp. pyramidalis)
—, Schwarz- (Populus nigra)
—, Silber- (Populus alba)
—, Zitter- (Populus tremula)
Pavie (Aesculus pavia)
Pfirsich (Prunus persica)
Pflaume (Prunus domestica)
Pimpernuß, Gewöhnliche (Staphylea pinnata)
Platane, Abendländische = Platane Nordamerikanische
—, Ahornblättrige (Platanus x hybridus)
—, Morgenländische (Platanus orientalis)
—, Nordamerikanische (Platanus occidentalis)

Quitte (Cydonia oblonga)

Riemenblume, Europäische (Loranthus europaeus)
Robinie, Gemeine (Robinia pseudoacacia)
—, Klebrige (Robinia viscosa)
Roßkastanie, Gewöhnliche (Aesculus hippocastanum)
—, Rotblütige (Aesculus x carnea)
Rotbuche (Fagus sylvatica)
Rottanne = Fichte

Sadebaum = Wacholder, Stink-
Sanddorn *(Hippophae rhamnoides)*
Schierlingtanne = Hemlocktanne, Kanadische
Schlehdorn *(Prunus spinosa)*
Schwarzdorn = Schlehdorn
Schwarznuß = Walnuß, Schwarze
Speierling *(Sorbus domestica)*
Spirke, Berg- = Kiefer, Haken-
Spirke, Moor- = Kiefer, Moor-
Stechhülse = Stechpalme, Gewöhnliche
Stechpalme, Gewöhnliche *(Ilex aquifolium)*
Steinweichsel = Kirsche, Felsen-

Tanne, Große *(Abies grandis)*
−, Nikko- *(Abies homolepis)*
−, **Weiß-** *(Abies alba)*
Traubenkirsche, Gewöhnliche *(Prunus padus)*
−, **Späte** *(Prunus serotina)*

Ulme, Berg- *(Ulmus glabra)*
−, **Feld-** *(Ulmus minor)*
−, **Flatter-** *(Ulmus laevis)*

Vogelbeerbaum = Eberesche
Vogelkirsche = Kirsche, Süß-

Wacholder, Heide- *(Juniperus communis)*
−, **Stink-** *(Juniperus sabina)*
−, Virginischer *(Juniperus virginiana)*
−, **Zwerg-** *(Juniperus sibirica)*
Walnuß, Echte *(Juglans regia)*
−, Schwarze *(Juglans nigra)*
Weichsel = Kirsche, Sauer-
Weide, Bruch- *(Salix fragilis)*
−, **Dotter-** *(Salix alba ssp. vitellina)*
−, **Grau-** *(Salix cinerea)*
−, **Korb-** *(Salix viminalis)*

, **Lavendel-** *(Salix eleagnos)*
−, **Lorbeer-** *(Salix pentandra)*
−, **Mandel-** *(Salix triandra)*
−, **Purpur-** *(Salix purpurea)*
−, **Reif-** *(Salix daphnoides)*
−, **Sal-** *(Salix caprea)*
−, **Schwarz-** *(Salix myrsinifolia)*
−, **Silber-** *(Salix alba)*
−, Trauer- *(Salix babylonica)*
Weißbuche = Hainbuche
Weißdorn, Eingriffeliger *(Crataegus monogyna)*
−, Großfruchtiger *(Crataegus x macrocarpa)*
−, **Langkelch-** *(Crataegus calycina)*
−, **Zweigriffeliger** *(Crataegus oxyacantha)*

Zirbe = Kiefer, Zirbel-
Zwetschge = Pflaume

Liste der lateinischen Namen

Abies alba = Tanne, Weiß-
− *grandis* = Tanne, Große
− *homolepis* = Tanne, Nikko-
− *pectinata* = Tanne, Weiß-
Acer campestre = Ahorn, Feld-
− *monspessulanum* = Ahorn, Französischer
− *opalus* = Ahorn, Schneeballblättriger
− *opulifolium* = Ahorn, Schneeballblättriger
− *platanoides* = Ahorn, Spitz-
− *pseudo-platanus* = Ahorn, Berg-
Aesculus hippocastanum = Roßkastanie,
   Gewöhnliche
− *pavia* = Pavie
− *x carnea* = Roßkastanie, Rotblütige
Alnus glutinosa = Erle, Schwarze
− *incana* = Erle, Grau-
− *lanuginosa* = Erle, Grau-
− *rotundifolia* = Erle, Schwarze
− *viridis* = Erle, Grün-
Amelanchier ovalis = Felsenbirne, Gemeine
Armeniaca vulgaris = Aprikose

Betula carpatica = Birke, Karparten-
− *pendula* = Birke, Hänge-
− *pubescens* = Birke, Moor-
− *verrucosa* = Birke, Hänge-
Buxus sempervirens = Buchsbaum, Immergrüner

Carpinus betulus = Hainbuche
Castanea sativa = Edelkastanie, Eß-
− *vesca* = Edelkastanie, Eß-
Cerasus avium = Kirsche, Süß-
− *fruticosa* = Kirsche, Zwerg-
− *mahaleb* = Kirsche, Felsen-
− *vulgaris* = Kirsche, Sauer-
Cornus mas = Hartriegel, Gelber
Corylus avellana = Hasel, Gemeine
− *maxima* = Hasel, Große
Crataegus calycina = Weißdorn, Langkelch-
− *laevigata* = Weißdorn, Zweigriffeliger
− *monogyna* = Weißdorn, Eingriffeliger
− *oxyacantha* = Weißdorn, Zweigriffeliger
− *x macrocarpa* = Weißdorn, Großfruchtiger
Cydonia oblonga = Quitte
− *vulgaris* = Quitte
Cytisus alpinum = Goldregen, Alpen-
− *laburnum* = Goldregen, Gemeiner

Eleagnus angustifolia = Ölweide, Schmalblättrige
− *argenta* = Ölweide, Silber-
− *commutata* = Ölweide, Silber-

Fagus sylvatica = Rotbuche
− − *f. purpurea* = Blutbuche
Frangula alnus = Faulbaum
Fraxinus americana = Esche, Weiß-
− *excelsior* = Esche, Gemeine
− *ornus* = Esche, Blumen-
− *pennsylvanica* = Esche, Pennsylvanische

Ginkgo biloba = Ginkgo

Hippophae rhamnoides = Sanddorn

Ilex aquifolium = Stechpalme, Gewöhnliche

Juglans nigra = Walnuß, Schwarze
− *regia* = Walnuß, Echte
Juniperus alpina = Wacholder, Zwerg-
− *communis* = Wacholder, Heide-
− − *ssp. alpina* = Wacholder, Zwerg-
− *nana* = Wacholder, Zwerg-
− *sabina* = Wacholder, Stink-
− *sibirica* = Wacholder, Zwerg-
− *virginiana* = Wacholder, Virginischer

Laburnum alpinum = Goldregen, Alpen-
− *anagyroides* = Goldregen, Gemeiner
− *vulgare* = Goldregen, Gemeiner
− *x wateri* = Bastard aus Gemeinem und
   Alpengoldregen
Larix decidua = Lärche, Europäische
− *europaea* = Lärche, Europäische
− *kaempferi* = Lärche, Japanische
− *leptolepis* = Lärche, Japanische
Loranthus europaeus = Riemenblume,
   Europäische

Malus acerba = Apfel, Holz-
− *domestica* = Apfelbaum, Kultur-
− *sylvestris* = Apfel, Holz-
Mespilus germanica = Mispel, Echte

Ostrya carpinifolia = Hopfenbuche, Gemeine

Padus avium = Traubenkirsche, Gewöhnliche
− *serotina* = Traubenkirsche, Späte
Persica vulgaris = Pfirsich

Picea abies = Fichte
− *excelsa* = Fichte
− *falcata* = Fichte, Sitka-
− *pungens* = Fichte, Blau-
− *sitchensis* = Fichte, Sitka-
Pinus austriaca = Kiefer, Schwarz-
− *cembra* = Kiefer, Zirbel-
− *laricio* = Kiefer, Schwarz-
− *mugo* = Kiefer, Berg-
− − *ssp. mugo* = Latsche-
− − *ssp. pumilio* = Kiefer, Krummholz-
− − *ssp. rotundata* = Kiefer, Moor-
− − *ssp. uliginosa* = Kiefer, Moor-
− − *ssp. uncinata* = Kiefer, Haken-
− − *ssp. uncinata var. rostrata* = Kiefer, Haken-
− *nigra* = Kiefer, Schwarz-
− *nigricans* = Kiefer, Schwarz-
− *strobus* = Kiefer, Weymouths-
− *sylvestris* = Kiefer, Wald-
Platanus occidentalis = Platane, Nordamerikanische
− *orientalis* = Platane, Morgenländische
− *x hybridus* = Platane, Ahornblättrige
Populus alba = Pappel, Silber-
− *balsamifera* = Pappel, Balsam-
− *nigra* = Pappel, Schwarz-
− − *ssp. italica* = Pappel, Pyramiden-
− − *ssp. pyramidalis* = Pappel, Pyramiden-
− *tacamahacca* = Pappel, Balsam-
− *tremula* = Pappel, Zitter-
− *x canadensis* = Pappel, Kanadische
− *x canescens* = Pappel, Grau-
Prunus armeniaca = Aprikose
− *avium* = Kirsche, Süß-
− *cerasifera* = Kirschpflaume
− *cerasus* = Kirsche, Sauer-
− *domestica* = Pflaume
− *fruticosa* = Kirsche, Zwerg-
− *mahaleb* = Kirsche, Felsen-
− *padus* = Traubenkirsche, Gewöhnliche
− *persica* = Pfirsich
− *serotina* = Traubenkirsche, Späte
− *spinosa* = Schlehdorn
− *triloba* = Mandelbäumchen
Pseudotsuga douglasii = Douglasie, Küsten-
− *menziesii* = Douglasie, Küsten-
− *taxifolia* = Douglasie, Küsten-
Pyrus archas = Birnbaum, Wilder
− *communis* = Birnbaum, Garten-
− *domestica* = Birnbaum, Garten-

Tilia argentea = Linde, Silber-
— *cordata* = Linde, Winter-
— *grandifolia* = Linde, Sommer-
— *parvifolia* = Linde, Winter-
— *platyphyllos* = Linde, Sommer-
— *tomentosa* = Linde, Silber-
— *ulmifolia* = Linde, Winter-
Tsuga americana = Hemlocktanne, Kanadische
— *canadensis* = Hemlocktanne, Kanadische

Ulmus campestris = Ulme, Feld-
— *carpinifolia* = Ulme, Feld-
— *effusa* = Ulme, Flatter-
— *glabra* = Ulme, Berg- und Ulme, Feld-
— *laevis* = Ulme, Flatter-
— *latifolia* = Ulme, Berg-
— *minor* = Ulme, Feld-
— *montana* = Ulme, Berg-
— *pedunculata* = Ulme, Flatter-
— *scabra* = Ulme, Berg

Viscum album = Mistel, Laubholz-
— *laxum* = Mistel, Nadelholz-
— *laxum ssp. abietis* = Mistel, Tannen-
— *laxum ssp. laxum* = Mistel, Kiefern-

— *cinerea* = Weide, Grau-
— *daphnoides* = Weide, Reif-
— *eleagnos* = Weide, Lavendel-
— *fragilis* = Weide, Bruch-
— *myrsinifolia* = Weide, Schwarz-
— *nigricans* = Weide, Schwarz-
— *pentandra* = Weide, Lorbeer-
— *purpurea* = Weide, Purpur-
— *triandra* = Weide, Mandel-
— *viminalis* = Weide, Korb-
Sambucus nigra = Holunder, Schwarzer
Sorbus aria = Mehlbeere
— *aucuparia* = Eberesche
— — *ssp. aucuparia* = Eberesche
— — *ssp. glabata* = Eberesche, Kahle
— — *var. lanuginosa* = Eberesche
— *domestica* = Speierling
— *intermedia* = Eberesche
— *scandica* = Mehlbeere, Schwedische
— *suecica* = Mehlbeere, Schwedische
— *torminalis* = Elsbeere
Staphylea pinnata = Pimpernuß, Gewöhnliche

Taxus baccata = Eibe, Beeren-

— *malus* = Apfel, Holz-
— *pyraster* = Birnbaum, Wilder

Quercus cerris = Eiche, Zerr-
— *lanuginosa* = Eiche, Flaum-
— *palustris* = Eiche, Sumpf-
— *pedunculata* = Eiche, Stiel-
— *petraea* = Eiche, Stein-
— *pubescens* = Eiche, Flaum-
— *robur* = Eiche, Stiel-
— *rubra* = Eiche, Rot-
— *sessiliflora* = Eiche, Stein-
— *sessilis* = Eiche, Stein-

Rhamnus catharticus = Kreuzdorn, Purgier-
— *frangula* = Faulbaum
Robinia pseudoacacia = Robinie, Gemeine
— *viscosa* = Robinie, Klebrige

Salix alba = Weide, Silber-
— — *ssp. vitellina* = Weide, Dotter-
— *amygdalina* = Weide, Mandel-
— *babylonica* = Weide, Trauer-
— *caprea* = Weide, Sal-

Literatur

Die mit einem * versehenen Bücher sind als Bestimmungs-
literatur geeignet.

Buesgen, M.: Der Deutsche Wald. Naturwissenschaftliche
Bibliothek, Quelle und Meyer, Leipzig, etwa 1910.

Buff, W.: Botanik für pharmazeutisch-technische Assisten-
ten. Thieme, Stuttgart 1984.

Buff, W., von der Dunk, K.: Giftpflanzen in Natur und
Garten. Augsburg 1981. Thomae-Ausgabe.

* Drexler, A.-M.: Laub- und Nadelbäume (Bestimmungs-
tafel). Selbstverlag, Ravensburg 1985.

Drexler, A.-M.: Moore, Auen und Gewässer. Selbstverlag,
Ravensburg 1984.

Drexler, A.-M.: Wald, Forst und Tann. Selbstverlag,
Ravensburg 1985.

Feucht, O.: Die Bäume und Sträucher unserer Wälder.
Schröder, Stuttgart 1946.

Johnson, Hugh: Das große Buch der Bäume. Hallwag,
Bern 1975.

* Krüssmann, G.: Die Bäume Europas. Parey, Hamburg,
Berlin 1979.

Kümmerly, W. (Hrsg.): Der Wald. Kümmerly & Frey, Bern,
Sonderausgabe BLV 1972.

* Mitchell, A.: Die Wald- und Parkbäume Europas. Parey,
Hamburg, Berlin 1979.

* Mitchell, A., Wilkinson, J.: Pareys Buch der Bäume.
Parey, Hamburg, Berlin 1982.

* Quartier, A.: Bäume + Sträucher. BLV-Bestimmungs-
buch. München 1974.

* Schmeil-Fitschen: Flora. Quelle und Meyer, Heidelberg
1982.

Stern, Horst (Hrsg.): Rettet den Wald. Kindler, etwa 1980.

Strasburger, E.: Lehrbuch für Botanik. Fischer, Stuttgart
1971.

Register

Mucosolvan®

das erste polyvalent wirkende Mucolytikum

reduziert die Schleimadhäsivität

vermindert die Schleimviskosität

fördert den Schleimtransport

Mucosolvan reduziert die Schleimviskosität und normalisiert die Sekretbildung in den peribronchialen Drüsen.

Mucosolvan reaktiviert die Transportfunktion des Flimmerepithels.

Mucosolvan stimuliert die Bildung oberflächenaktiver Substanz (Surfactant), setzt dadurch die Schleimadhäsivität herab und löst die Mukostase.

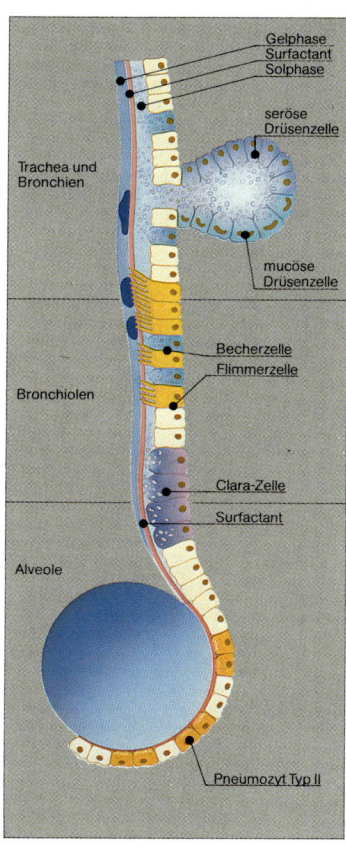

Mucosolvan®
das erste polyvalent wirkende Mucolytikum

Zusammensetzung

MUCOSOLVAN enthält je Tablette 30 mg Ambroxolhydrochlorid (= trans-4-[(2-Amino-3,5-dibrombenzyl)amino]-cyclohexanolhydrochlorid).
5 ml MUCOSOLVAN-Saft enthalten als Wirkstoff 15 mg Ambroxolhydrochlorid sowie 10 mg Benzoesäure (Konservierungsmittel), 2 ml MUCOSOLVAN-Lösung enthalten als Wirkstoff 15 mg Ambroxolhydrochlorid sowie 0,5 mg Benzalkoniumchlorid (Konservierungsmittel).
1 Ampulle zu 2 ml enthält 15 mg Ambroxolhydrochlorid in stabilisierter wässriger Lösung.

Indikationen

Alle Atemwegserkrankungen, die mit einer pathologisch veränderten Sekretbildung einhergehen, insbesondere chronische Bronchitiden, asthmoide Bronchitiden, Laryngitis, Sinusitis und Rhinitis sicca.
MUCOSOLVAN Ampullen:
Außerdem kann MUCOSOLVAN bei Lungenerkrankungen, die mit einer ungenügenden Surfactantproduktion einhergehen, gegeben werden, um die Bildung alveolärer oberflächenaktiver Substanz (Surfactant) zu stimulieren, z. B. beim Atemnotsyndrom Früh- und Neugeborener oder bei Silikose.

Kontraindikationen

In Tierversuchen wurde bewiesen, daß MUCOSOLVAN auch in hohen Dosen nicht keimschädigend wirkt – trotzdem wird wie bei allen Arzneimitteln von der Anwendung während der ersten drei Schwangerschaftsmonate abgeraten.

Verträglichkeit und Nebenwirkungen

Eine Reihe von Verträglichkeitsprüfungen sowie eine Langzeitprüfung über 12 Monate bewiesen die sehr gute Verträglichkeit und Unbedenklichkeit von MUCOSOLVAN. Bei längerfristiger Verabreichung höherer Dosen (über 60 mg/die) kann bei Patienten mit vorgeschädigter Magenschleimhaut Übelkeit und Erbrechen auftreten; in diesem Dosisbereich ist auch Vorsicht geboten bei Patienten mit Magen-Darm-Ulcera.

Handelsformen

Tabletten Packung mit 20 Stück
Saft Packung mit 100 ml
Lösung Packungen mit 40 und 100 ml
Ampullen Packung mit 5 Stück

Weitere Angaben zu Wechselwirkungen und zu den besonderen Warnhinweisen zur sicheren Anwendung sind der Austria Codex Fachinformation zu entnehmen.

Arzneimittel sorgfältig und für Kinder unzugänglich aufbewahren!

Bender+Co
Ges mbH Wien

Mucosolvan®
der »Schleimbagger«
der Atemwege.